Mit der Mission durch das Jahr

Die Rezepte der Missionsfreunde

Missionskochbuch Band 2

*Wir danken den Rezeptgebern, den Missionarsfrauen,
den Missionaren, den Missionsfreunden
und den vielen fleißigen Helfern
bei der Umsetzung dieses Spendenprojektes.*

© 2005 Missionskochbuch Band 2
ISBN: 3-937301-36-4

Zusammengetragen: Kornelia Pufal
Satz, Grafik & Layout: Ulrich Pufal
Druck: Druckhaus Harms, Groß Oesingen

www.missionskochbuch.de

Vorwort

Liebe Missionsfreunde!

Sie halten den neuen Band des Missionskochbuches "Mit der Mission durch das Jahr" in Ihren Händen. Der erste Band wurde in drei Auflagen herausgebracht, mit dessen Verkauf jeweils ein Spendenprojekt des Ev.-luth. Missionswerks Niedersachsen (ELM) unterstützt werden konnte. Vielen Dank dafür!
Dieser neue Band erscheint zum 30. Deutschen Evangelischen Kirchentag in Hannover. Mit einem Informationsstand möchten wir dabei auf die beiden neuen Spendenprojekte hinweisen, die unsere erhöhte Auflage von 2000 Exemplaren diesmal unterstützen soll. Wir möchten aber auch von der Projektarbeit selber berichten. Eine kleine Idee wurde zu einem segensreichen Projekt. Wir möchten Sie ermutigen, eigene kleine Projekte zu starten.
Viele Missionsfreunde haben uns ihre Lieblingsrezepte zur Verfügung gestellt und damit den Grundstock für ein neues Kochbuch gelegt. Es orientiert sich dabei an den Festen des Kirchen- und Kalenderjahres und lädt zum Stöbern ein. Dabei erheben wir keinen Anspruch auf Vollständigkeit, denn zu einigen Kirchenfesten wurden keine Rezepte eingereicht. Anscheinend wurden sie kulinarisch noch nicht erschlossen. Wir haben auch Veranstaltungen wie "Missionsbasar" und "Kinder- und Missionsfest" zeitlich zusortiert. Traditionell werden dort viele Kuchen und Gerichte angeboten.

Viel Freude beim Stöbern und Ausprobieren der neuen Rezepte und einen gesegneten Appetit!

Verwendete Begriffe und Abkürzungen

*Wenn nicht anders angegeben,
gelten die Mengenangaben für 4 Personen*

- **Pg** Packung/Packungen
- **EL** Esslöffel
- **TL** Teelöffel
- **Ds** Dose/Dosen
- **Gl** Glas/Gläser
- **Be** Becher
- **Btl** Beutel
- **l** Liter
- **ml** Milliliter
- **Bd** Bund
- ✔ undefinierte Mengen/etwas

Die Rezepte sind in ihren Mengenangaben unterschiedlich. Manche Rezeptgeber messen in Tassen, andere in ml oder Gramm. In diesem Kochbuch sind diese Angaben übernommen worden. Ergänzen Sie die Rezepturen mit Ihren eigenen Angaben oder notieren Sie sich Abwandlungen. Platz dazu ist reichlich vorhanden. Tauschen Sie doch Ihre Erfahrungen mit anderen Köchen auf der Internetseite aus: **www.missionskochbuch.de**

Inhalt

Die Spendenprojekte 8

Missionsbasar 10
Advent 20
Nikolaus 26
Weihnachten 32
Silvester 44
Neujahr. 54
Fastenzeit 62
Valentinstag 66
Karfreitag 76
Ostern 88
Himmelfahrt 100
Muttertag 112
Pfingsten. 124
Kirchentag 138
Kinderfest 144
Missionsfest 152
Erntedankfest 158
Reformationstag. 184
Halloween 192
Martinstag. 198
Buß- und Bettag. 202
Ewigkeitssonntag 212

Geburtstag. 218
Taufe 258
Konfirmation 266
Hochzeit 274

Inhaltsverzeichnis. 280

Kirchräume für Abakan

Die lutherische Gemeinde in Abakan im zentralen Sibirien existiert seit August 2001 und zählt heute gut dreißig Mitglieder. Sie wurde ins Leben gerufen, durch einen Entschluss der Kirchenleitung, das Hermannsburger Missionarsehepaar Stefanie und Michael Fendler, nach Abakan zu entsenden.
Weit ist der Weg für die meisten Menschen aus einem völlig atheistischen Umfeld zu einer lebendigen Gottesbeziehung zu finden. Oft bleibt nur das dunkle Wissen von einer frommen Großmutter und einer möglichen Taufe im Geheimen in der Badewanne zu Hause. Trotzdem finden sich immer wieder Menschen, die sich gerade wegen dieser inneren Leere auf die Suche machen. Nach einem völligen Neuanfang entwickeln sich erste Strukturen. Neben Gottesdiensten gibt es regelmässige Bibelstunden und eine Jugendarbeit. Menschen finden ein zu Hause in dieser Gemeinde und im Luthertum.
Nach vier Jahren Wanderschaft in angemieteten Hotelsäälen und anderen Räumlichkeiten wünschen wir uns eigne "vier Wände".
Bitte helfen Sie uns mit Ihrer Spende. Wenn Sie sich näher informieren möchten: Unter www.elm-mission.net Projekt Nummer 679 oder unter www.elkras-abakan.ru.

Der Verkaufserlös des Missionskochbuches unterstützt diesmal diese beiden Spendenprojekte. Weitere Informationen im Internet: www.missionskochbuch.de oder www.elm-mission.net

Straßenkinder in Peru

"Angefangen hat es mit Kontakten zu Kindern und Jugendlichen auf den Straßen von Pamplona Alta", schildert Claus-Carsten Möller, ELM-Missionar, den Beginn seiner Arbeit in diesem Stadtteil von Lima. Bald vermittelte er zwischen rivalisierenden Banden und gewann ihr Vertrauen. Parallel zu sportlichen Wettbewerben wuchs eine intensive Gemeindearbeit mit Bibel- und Ethikunterricht, Nachhilfestunden für die Schule sowie Musikunterricht für Gitarre und einheimische Flöten und Trommeln. In der jungen Gemeinde "Vida Nueva" – neues Leben – übernehmen Jugendliche und Erwachsene nun zunehmend selbst Verantwortung.

Kindergruppe in Pamplona Alta in Peru.

Jugendliche und Kinder während eines christlichen Jugendlagers 2004 in Tschebaki in Sibirien.

Spendenprojekte

Hermannsburger Missionsbasar

Im südlichen Afrika, wo mein Mann und ich einige Jahre gelebt haben, benutzen die Tswana ein Sprichwort, das vielleicht nicht ganz unserem Geschmack entspricht, aber ziemlich genau den Tatbestand trifft, um den es in unserem Kochbuch geht.

Nama ya nku e tona, ga e itukulwe.
Das Fleisch einer wohlschmeckenden Ziege
bekommt man nicht aus den Zähnen.

Sie beschreiben damit eine Erfahrung, die wir alle schon einmal gemacht haben, Gutes vergessen wir nicht, und unser Verlangen ist groß, sich nicht nur daran zu erinnern, sondern es noch einmal zu erleben. Dabei geht es nicht nur um gutes Essen, obwohl dies bestimmt ein nicht unwesentlicher Aspekt dieses Weisheitswortes ist.

Unser Kochbuch hat diesem Tatbestand seine Existenz zu verdanken. Es enthält viele gute Erinnerungen. Die

Rezepte sind mit guten Erfahrungen in anderen Ländern und Kulturen verbunden. Die sie aufgeschrieben haben, verbinden damit Gemeinschaft mit lieben Menschen in fernen und fremden Kontinenten. Seit Alters her ist gemeinsames Essen Ausdruck für ein friedvolles und fröhliches Miteinander unter Menschen. Denken wir nur einmal daran, wie oft Gottesnähe in der Heiligen Schrift als Teilnahme an einem Gastmahl beschrieben wird. Vielleicht macht dies auch ein stückweit den Erfolg unseres Hermannsburger Missionsbasars aus. Es hat mich in den vergangenen Jahren oft erstaunt, wie fröhlich die Besucher beim Wottessen oder bei Kaffee und Kuchen waren. Manche kamen nur zum Basar wegen dieser Gemeinschaft, die Gutes schafft für Menschen in Übersee, die unsere Hilfe brauchen. Ja, es ist eben so, " Das Fleisch einer wohlschmeckenden Ziege bekommt man eben nicht so schnell aus den Zähnen."

Irmgard Schlag, Hermannsburg

Missionsbasar

Apfelkuchen sehr fein
Schnell und lecker

- **100 g** Butter
- **200 g** Zucker
- **2-3** Eier
- **250 g** Mehl
- **1 Pg** Vanillinzucker
- **6 EL** Wasser
- **1 Pg** Backpulver
- **1/2** Zitronenaroma (nach Belieben)

Butter, Zucker und Eier schaumig rühren. Mehl, Vanillinzucker, Wasser, Backpulver, Aroma hinzufügen und gut verrühren. Äpfel in fächerförmige Scheiben schneiden und auf dem Kuchen verteilen. Den Teig in eine gefettete Springform geben.

Backzeit: 30 Minuten bei 200°C Umluft

Würziger Pflaumenkuchen
Mit einer leckeren Kokoshaube

- **250 g** Butter
- **260 g** brauner Zucker
- **5** Eier
- **1 TL** Lebkuchengewürz, gehäuft
- ✔ abger. Schale von 1 Zitrone

Alles schön cremig verrühren. Danach noch

2 EL Kakao (ohne Zucker)
400 g Dinkel-/Weizenvollkornmehl
2 TL Backpulver, gehäuft

mischen und unter den Teig rühren. Den Teig auf ein tiefes, gefettetes Blech streichen.

1 kg entsteinte halbierte Pflaumen

Die Pflaumen mit der Schnittfläche nach oben leicht in den Teig drücken und bei 160°C Pizzastufe (vorgeheizt) oder Umluft 35 bis 50 Minuten backen (bei gefrorenen Pflaumen 50 Minuten). Nach 20 Minuten mit Belag bestreichen (bei gefrorenen Pflaumen nach ca. 30 Min.).

Belag:

3 Eigelb
75 g Zucker
100 ml Sahne
2 TL Weizenvollkornmehl

Alles wieder schön cremig rühren.

130 g Kokosflocken
3 Eiweiß, steif schlagen

Die Kokosflocken und das Eiweiß unter den cremig gerührten Belag heben.

Kirsch - Sahnelikör
Frucht trifft Likör

    1 **Be** Sahne
    1 **Pg** Vanillinzucker
1/2 **Be** Puderzucker
1/2 **Be** Kirschlikör

Alle Zutaten in einen Becher geben, gut schütteln und kalt sevieren.

Pfirsich - Sahnelikör
Das Treffen geht weiter

    1 **Be** Sahne-Pfirsich-Joghurt
1/2 **l** Maracuja Saft
    1 **Pg** Vanillinzucker
    1 **Be** Sahne
    2 **Gl** Schnapsgläser Pfirsichlikör
1/8 **l** Korn

Die Sahne etwas steif schlagen, mit den anderen Zutaten vermengen.

Becherkuchen mit Mandeln
Darf bei keiner Tombola fehlen

  3 Eier
1 Be Zucker
2 Be Mehl
1 Pg Backpulver

Aus den Zutaten einen Teig rühren.

1 Be Sahne

Die Sahne schlagen und unter den Teig heben.

Backzeit: 15 Minuten bei 180°C Umluft

Belag:

  125 g Butter
100-150 g gehackte Mandeln oder Mandelblätter
  1 Be Zucker
  3 EL Milch

Butter und Zucker auflösen, dann die restlichen Zutaten dazugeben und auf dem Kuchen verteilen.

Backzeit: Nochmals 15 Minuten bei 180°C Umluft

Cappuccino-Kuchen
Der Hauch Italiens

    4 Eier
140 g Zucker
 50 g Schokoraspeln oder geriebene Zartbitterschokolade
    3 fein zerbröselte Zwieback
150 g gemahlene Nüsse oder Mandeln
 50 g Mehl
  1 TL Backpulver, gestrichen

Eier und Zucker schaumig schlagen. Schokoraspeln, Zwieback und Nüsse hinzufügen und unterrühren. Mehl und Backpulver dazugeben und ebenfalls unterrühren.

Backzeit: 35 Minuten bei 160°C - Umluft

1. Füllung:

400 ml Sahne
    2 Sahnesteif
 2 Pg Vanillinzucker
 2 Btl Cappuccino-Pulver

Die Sahne mit Sahnesteif, Vanillinzucker und Cappuccino-Pulver steif schlagen.

2. Füllung:

250 ml Sahne
✔ Zucker

Die Schlagsahne mit etwas Zucker steif schlagen. Von dem Kuchen ca. 1/3 abschneiden und zerbröseln. Als erstes die Cappuccino-Sahne kuppelartig auf dem Kuchen verteilen. Dann die weiße Sahne über die Cappuccino-Sahne geben und verteilen. Zum Schluss die Kuchenkrümel darüber geben.

Blitz-Sandtorte
Kein trockener Wüstensturm

6 Eier
375 g Zucker
2 Pg Vanillinzucker
2 EL Zitronensaft
175 g Mehl
175 g Gustin
1 1/2 TL Backpulver
375 g Margarine

Eier, Zucker, Vanillinzucker, Zitronensaft, Mehl, Gustin und Backpulver der Reihe nach schaumig rühren. Die Margarine erwärmen und ebenfalls unterrühren.

Backzeit: 60 Minuten bei 160°C - Umluft - vorgeheizt

Reispuffer
Für 2 Portionen

    125 g Reis
    100 g gekochten Schinken
    1/2 Bd Schnittlauch
    2 Eier
    1 EL Mehl
    ✔ Salz & Pfeffer
    2 EL Speiseöl
    1 Gl Süß-Sauer Soße 400 g (Uncle Bens)

1. Koche den Reis wie auf der Packungsanleitung beschrieben. Gib ihn in eine Schüssel.
2. Schneide den Schinken in kleine Würfel.
3. Wasche den Schnittlauch und schneide ihn klein.
4. Gib Schinken, Schnittlauch, Eier und Mehl in die Schüssel und verrühre die Masse. Mit Salz und Pfeffer würzen.
5. Erhitze das Öl in der Pfanne. Gib pro Puffer einen EL Reismasse in die Pfanne und drücke sie mit dem Pfannenwender flach. Wenn der Reispuffer goldbraun angebraten ist, ist er fertig.
6. Erhitze die Soße und fertig ist das Gericht.

Donauwelle
Ein ganzes Blech Leckerei

    250 g Butter
    250 g Zucker

6 Eier
450 g Mehl
1 Pg Backpulver

Alles schaumig rühren. Die Hälfte des Teiges auf das Blech geben.

- ✔ Milch
- ✔ Rum
- ✔ Kakao
- **1 Gl** Sauerkirschen

Dem übrigen Teig etwas Milch und Rum zufügen, dann etwas Kakao dazugeben. Die Sauerkirschen auf dem Teig verteilen.
Backzeit: 30 Minuten bei 220°C Ober-/Unterhitze
Nach dem Backen mit Tortenguss überziehen.

1/2 l Milch
1/2 Ecke Palmin
1 Pg Vanillepudding
3 EL Zucker

Daraus Pudding kochen und erkalten lassen. Dann
250 g Butter
schaumig rühren und nach und nach den Puddig unterrühren. (Butter und Pudding müssen dabei die gleiche Temperatur haben.) Auf den Kuchen streichen.

2 Ecken Palmin
3 Rippen Blockschokolade

Zum Schluss Palmin und Schokolade zerlassen und auf den fertigen Kuchen geben.

Adventgedanken im April

Seltsam. Adventgedanken im April? Aber mit etwas Abstand werden die Dinge manchmal durchaus klarer. Ich denke an...

A wie Altersunterschied. Wir leben in Südafrika und haben 3 Kinder, 19, 14 und 7 Jahre alt. Folglich haben alle 3 ganz unterschiedlichen Fragen - und vor allem Antworten. Allerdings, im Advent freut sich jeder auf seinen Adventkalender - auch der Grosse. An jedem Tag verkürzt ein „Leckerli" das Warten auf den Heiligen Abend.
- Wer hat eigentlich beschlossen, dass man irgendwann zu alt für einen Adventkalender ist???

D wie Duft. Mit Advent verbinden sich für mich bestimmte Düfte: In der Küche riecht es nach selbstgebackenen Keksen; auf dem Markt der Stadt duftet es nach Glühwein, Zimt und Anis. „Aber das hat doch mit dem Eigentlichen nichts zu tun", mag man einwenden. Nun, theologisch sicher nicht – und trotzdem freut sich die gottgegebene Nase vor allem an ganz untheologischen Dingen.

V wie vier. 4 Wochen haben wir Zeit zur Vorbereitung auf Weihnachten. Und doch sagt mancher kurz vor dem Fest: „Mir ist noch gar nicht recht weihnachtlich zumute". Mag wohl sein. Aber vielleicht hat das etwas damit zu tun, dass wir im Advent zu wenig Mut haben, das wirklich Wesentliche vom Unwichtigen zu unterscheiden.

E wie Erlöser. Altes Wort – und doch mag ich es sehr. Der Erlöser hat sich auf den Weg gemacht zu dir. Darum geht es im Advent! Um ihn, der im wahrsten Sinne des Wortes lösen möchte, was festgefahren sein mag in unserem Leben: „Er" – „Löser"

N wie neu. Mit dem Ruf nach Neuem verbindet sich immer die Hoffnung auf Besserung: Neue Wege, neue Gesichter, neue Gedanken... Und doch: wir leben auch davon, Bewährtes zu entdecken und das Vertraute zu bewahren. Advent ist beides: Alt bekannt und doch neu, weil wir selbst nicht mehr genau die sind, die wir vor einem Jahr noch waren.

T wie Tür. Noch einmal zum Adventkalender: An jedem Tag wird da ein Türchen geöffnet. Kann man den tiefen Sinn unseres Glaubens kürzer und treffender beschreiben?! Es geht darum Türen zu öffnen! Gott hat die Tür zur Welt geöffnet und ist in Jesus einer von uns geworden. Und dieser Jesus lädt uns ein, die Tür zum nächsten und übernächsten Menschen nicht ins Schloß fallen zu lassen.

Wolfhardt Knigge, Kapstadt

Advent

Lebkuchen
Ein Klassiker für die Vorweihnachtszeit

- **1 Gl** Honig
- **200 g** Zucker
- **175 g** Butter
- **500 g** Mehl
- **1 Pg** Backpulver
- **4** Eier
- **4 EL** Rum
- ✔ Zitronat
- ✔ Orangeat
- **100 g** Rosinen
- **100 g** gehackte Mandeln
- **1 Pg** Honigkuchengewürz

Honig, Zucker und Butter erwärmen, dann die restlichen Zutaten hinzufügen, zu einem Teig verarbeiten und auf ein gefettetes Backblech streichen.

Backzeit: 40 Minuten bei 170°C Umluft

Nach dem Auskühlen in kleine Stücke schneiden.

Heerlike Koekies
Kekse aus Keksen

- **250 g** Butter
- **250 g** Zucker
- **2 Pg** Butterkekse
- **2** Eier
- **125 g** gehackte Nüsse
- **1 Tasse** Datteln, klein geschnitten
- **1 Tasse** Rosinen
- **1 Pg** Vanillinzucker

Die Butter mit dem Zucker langsam schmelzen. Die Eier schlagen, dem Buttergemisch zufügen und bei mittlerer Hitze so lange verrühren, bis die Masse dicklich wird. Dann vom Herd nehmen und die Rosinen und Nüsse zufügen. Die Butterkekse in Stücke brechen (nicht zu fein) und der Menge zufügen. Nun wird die ganze Masse in eine Form gepresst, 2 bis 3 cm hoch.
Die Masse abkühlen lassen und dann in 2 x 5 cm große Stücke schneiden.

Kissinger Brötchen
Fruchtig lecker

150 g Mehl
150 g Haselnüsse
1 TL Backpulver
150 g Zucker
✔ Salz
1 Ei
100 g Margarine
1 Gl Aprikosenmarmelade

Marmelade dünn zwischen zwei ausgebackene Plätzchen streichen und in Schokoladenguss und Nüssen wälzen.

Backzeit: 10 Minuten bei 220°C Umluft

Punschrezept
Vier warme Tassen für die kalte Jahreszeit

1/4 l Früchtetee
1/4 l Russischer Tee (schwarzer Tee)
1/4 l Orangensaft
3/8 l Ribiselsaft
✔ Zucker od. Süßstoff nach Geschmack
1 Zimtstange
3 Gewürznelken

Alle Zutaten aufkochen lassen, einen Schuss Rum oder Rotwein dazu und ca. 5 Minuten ziehen lassen.

Zimtsterne

Das Rezept für ca. 55 Stück

500 g ungeschälte fein gemahlene Mandeln
300 g Puderzucker
1-2 EL Zimt, gestrichen
2 Eiweiß
2 EL Mandellikör

Mandeln, Puderzucker und Zimt mischen. Ein Eiweiß und Mandellikör zugeben und mit Knethaken verrühren, dann mit den Händen zu einem glatten Teig verkneten. Den Teig portionsweise auf einer mit Puderzucker bestäubten Arbeitsfläche ca. 1 cm dick ausrollen. Sterne (3-5 cm) ausstechen und auf ein mit Backpapier belegtes Backblech legen.
Austecher zwischendurch immer wieder in Puderzucker tauchen.

1 Eiweiß
125 g Puderzucker

Eiweiß steif schlagen. Puderzucker nach und nach dazugeben, dabei weiterschlagen. Sterne damit bepinseln.

Backzeit: 10-15 Minuten bei 150°C Umluft

Im vorgeheizten Backofen auf der untersten Schiene backen. Auskühlen lassen.

St. Nikolaus

Sankt Nikolaus ist zweifellos der volkstümlichste Heilige der Weihnachtszeit. In den Ostkirchen ist er sogar der populärste Heilige überhaupt neben Maria. Bereits im 6. Jahrhundert ließ Kaiser Justinian ihm zu Ehren in Konstantinopel eine Kirche erbauen, die von Kaiser Basilius im 9. Jahrhundert prachtvoll erneuert wurde. Doch auch diesseits der Alpen wurden ihm in der Zeit vom 11.-16. Jahrhundert mehr als 2200 Kirchen geweiht.

Die historischen Nachrichten sind spärlich, doch um so reicher die Legenden, die sich um seine Person ranken. Gesichert erscheint, dass er um 270 in der Hafenstadt Pakara in Lykien (Kleinasien) geboren wurde, und dass man ihn wegen seiner Frömmigkeit und Mildtätigkeit zum Bischof von Myra wählte. Während der Christenverfolgungen unter Diokletian kam er ins Gefängnis, wurde jedoch unter Kaiser Konstantin wieder befreit. Der 6. Dezember soll sein Sterbetag gewesen sein, und wie bei den Heiligen üblich, gilt dieser Tag als sein Geburtstag in Gottes neuer Welt und wird darum als Gedenktag begangen.

Im 6. Jahrhundert wurde der Sagenstoff zusätzlich angereichert durch Verwechslung mit seinem Namensvetter Sankt Nikolaus Archimandrid aus dem Kloster Sion bei Myra, dem späteren Bischof von Pimara.

Knecht Ruprecht
Er war ursprünglich der bärtige Begleiter des Heiligen Nikolaus. Im Verlaufe der Jahrhunderte wurde er aber dem Nikolaus bisweilen gleichgesetzt und schließlich zu einem selbständigen Geschenkebringer.
Als Ruppknecht, Knecht Nikolas, Nickel, Hans Muff, Pelznickel oder Pelzmärtel zog er in pelzbesetzter Kleidung von Tür zu Tür, meist mit einer Rute in der Hand und mit einem Sack voller Geschenke über der Schulter.
Seine Geschenkwerkstätten soll der heutige Nikolaus übrigens unbestätigten Gerüchten zufolge auf dem Nordpol haben. Oft kommt er mit einem Schlitten, der von Rentieren gezogen wird. In den USA und in England kommt er durch den Schornstein gerauscht. Während in katholischen Gemeinden noch der Bischof Nikolaus im weißen Gewand und mit der Mitra behütet kommt, hat sich der "evangelische" Nikolaus doch sehr dem Weihnachtsmann angeglichen: Im roten Mantel und mit weißem Bart trägt er oft auch den Geschenkesack und die Rute seines Ruppknechts.
Mit vielen Bräuchen und Spezialitäten ist sein Name verbunden.

Quelle: Internet

Nikolaus

Spekulatius (Gebildegebäck)

Zu Ehren des Hl. Nikolaus wurde ein Gebildegebäck gebacken, welches wir heute als „Spekulatius" kennen. Der Name kommt wahrscheinlich von dem lateinischen Wort „speculum", was so viel wie Spiegel oder Abbild heißt. Evtl. wurde es aber auch vom Wort "Spekulator" abgeleitet. Spekulator war eine Bezeichnung für einen Bischof - so im Sinne von „Beobachter".
Früher wurde auf diesen Gebäcken oft die ganzen Nikolausgeschichten dargestellt.

Spekulatius ist ein Mürbeteig, der ausgestochen oder in Holz- bzw. Metallmodeln geformt wird. In alten Rezepten verzichtet man auf die Zugabe von Triebmitteln. Neuere Rezepte geben die Verwendung von Hirschhornsalz oder Backpulver an. Alle Zutaten müssen beim Backen von Spekulatius gut gekühlt sein, bevor sie zu einem glatten Teig verarbeitet werden. Danach sollte der Teig einige Stunden kühl stehen.

Ein Rezept mit Backpulver:

- **250 g** Mehl vermischt mit 1 TL Backpulver
- **125 g** Butter
- **25 g** Zucker
- **1** großes Ei
- ✔ Salz
- ✔ Nelken
- **1/2 TL** Zimt
- ✔ abgeriebene Schale von 1 Zitrone

Mehl auf die Arbeitsfläche geben und in die Mitte eine Vertiefung drücken. Butter in Flocken auf dem Mehl verteilen. Zucker, Ei, Gewürze dazu geben. Zutaten zu einem Mürbeteig verkneten. Im Kühlschrank 1 Stunde ruhen lassen. Danach ausrollen, Formen ausstechen und auf leicht gefettetem Blech backen.

Backzeit: 10 Minuten bei 200°C Umluft

Dem Nikolaus sein Jagatee
Die Menge reicht für 3 durstige Erwachsene, die dann aber nimmer Autofahren dürfen

- **1/2 l** Rum 40%
- **1/2 l** Obstler
- **1/2 l** Rotwein
- **2 l** wirklich ganz starker Schwarztee
- **1/2 l** Haselnüsse
- **1/2 l** Rosinen

Sämtliche „Flüssigkeiten" in einem großen Topf erhitzen - auf gar keinen Fall kochen!
Dann ab damit in die Becher und (zwecks der Vitamine) noch überall ein paar Rosinen und Nüsse zugeben.

Nikolausstiefel
Wer soll die füllen?

- **125 g** Bienenhonig
- **60 g** Margarine
- **50 g** Zucker
- **1 Pg** Vanillinzucker
- **1** Eigelb
- ✔ Zimt und Nelken, gemahlen

Langsam erwärmen/zerlassen in eine Rührschüssel geben und kalt stellen. Unter die fast erkaltete Masse nach und nach das Eigelb und die Gewürze geben.

- **250 g** Weizenmehl
- **6 g** Backpulver
- **10 g** Kakao

Mischen, sieben, 2/3 davon unterrühren, den Rest des Mehls unterkneten. Den Teig gut 1/2 cm dick ausrollen, Stiefel ausschneiden oder Plätzchen ausstechen.
Backzeit: etwa 15 Minuten bei 175-200°C (vorgeheizt)

Für den Guß:
- **100 g** Puderzucker sieben, mit
- ✔ Eiweiß

glattrühren, nur so viel Eiweiß verwenden, dass eine dickflüssige Masse entsteht, die Stiefel mit dem Guss verzieren (am besten mit Hilfe eines Pergamentpapiertütchens), mit bunten Süßigkeiten garnieren.

Nikolausmänner aus Hefeteig
Es gibt ihn doch.

500 g	Mehl
30 g	Hefe
2 EL	Zucker
1/4 l	lauwarme Milch
75 g	zerlassene Butter
✔	Salz
1	Eiweiß zum Kleben
1	Eigelb zum Bestreichen
✔	Rosinen, Korinthen und Mandeln zum Garnieren

Die Hefe in eine Vertiefung des Mehls hineinbröckeln und mit 1 Prise Zucker und 5 EL lauwarmer Milch sowie etwas Mehl verrühren. Vorteig 15 Minuten gehen lassen. Milch, Butter, den restlichen Zucker und Salz dazugeben und alle Zutaten verkneten, bis sich Blasen bilden und der Teig sich vom Schüsselrand löst. An einem warmen Ort so lange stehen lassen, bis er doppelt so hoch ist. Noch einmal durchkneten. Ca. 100 g Teig zum Garnieren abnehmen. Den Teig auf bemehlter Fläche 1 cm dick ausrollen. Eine vorher gefertigte einfache Schablone auflegen und die Nikolausmänner ausschneiden und auf ein gefettetes Backblech legen. Aus dem zurückbehaltenen Teig Kleidungsstücke (Stiefel, Mützen, Schals...) formen und mit wenig Eiweiß an die Figuren kleben. Gebäck nochmals gehen lassen, dann mit Eigelb bestreichen und mit Rosinen usw. verzieren.
Backzeit: 10 Minuten bei 200°C Umluft

Weihnachten

Ich sitze hier - mitten im April - und mache mir Gedanken zu Weihnachten - passt das?
Ja! Ist meine Antwort. Gerade liegt Ostern hinter uns bzw. vielleicht sind wir in anderen Jahren kurz davor. Kurz nach der Geburt bekommt Maria im Lukasevangelium von dem Propheten Simeon gesagt: "Und auch durch deine Seele wird ein Schwert dringen" (Luk. 2, 35). Sicher konnte Maria damals noch nicht ahnen was mit der Aussage Simeons gemeint sei. Doch es war ein erster Hinweis auf eine schwere Zeit. Weihnachten, so denken wir, ist DAS Fest. Das kleine süße Jesuskind, wie romantisch alles... War es denn damals so??? War alles so fröhlich, wie es heute manchmal scheint? Wenn wir genauer hinsehen nicht: Maria bekommt schnell zu spüren, dass vieles schwerer ist, als sie je erwartet hätte. Auch die anderen Personen erwartet nicht nur Freude: Maria musste mit ansehen, wie ihr Sohn anscheinend ins "Verderben" rennt.
Oder die Hirten damals auf dem Feld - sie hatten Angst. Und was war nachdem sie den Heiland sahen? Nachdem der Alltag eingekehrt ist? Vielleicht waren auch sie so manches mal verzweifelt, weil alles wieder beim Alten war, nachdem die Arbeit wieder auf sie wartete. Und was ist mit uns heute? Zu Weihnachten soll gute Stimmung herrschen - äußerlich muss alles schön und ordentlich sein, auch in uns soll der Weihnachtsfriede einkehren. Doch was ist, wenn er nicht einkehrt? Was, wenn spätestens nach Weihnachten der Glanz uns

verlässt? ... Alles vorbei!? Da war doch noch was... Ostern: Nach jedem Karfreitag, erscheint eine Auferstehung. Auch in unserem leben. Weil Jesus lebt, können wir auch heute noch Weihnachten feiern. In unserem Leben, in meinem scheint es manchmal auch so zu sein, dass ein Schwert die Seele durchdringt. Aber wir haben eine Hoffnung - die heißt Jesus Christus! Gott hat uns Rettung geschickt - Weihnachten - und Ostern noch einmal, doch dieses Mal für immer! Mit allem, was mir wie ein Schwert scheint, kann ich zu Jesus kommen. Ich kann (Er befähigt mich dazu, wenn ich nicht kann) kommen und ablegen. Alles kann ich an seine Krippe bringen und an sein Kreuz. Er, der die Liebe und damit den Frieden in die Welt gebracht hat, macht alles neu. Christus macht mich neu. Das Dunkel verwandelt er in Licht. Manchmal erscheint dieses Licht nur ganz wenig und wir müssen genau hinsehen. Doch es wird da sein, indem er da ist - er begegnet mir, indem ich ihn in mir spüre, oder in einer Begegnung mit anderen Menschen, in einem lächeln, ein anderes Mal in einem Text, den ich lese. Noch viele Möglichkeiten kommen mir, in denen Jesus mir erscheint.
Ich wünsche uns, dass wir die Geduld nicht aufgeben, diesen Weihnachtsosterfrieden zu suchen und zu finden! Diese Freude, die in der Krippe entspringt und seit der Auferstehung in Ewigkeit da sein wird und uns mitten im grauen Alltag in so vielfältiger Weise begegnet!

Birte Hennings, Hermannsburg

Weihnachten

Apfel im Schlafrock
Dazu passt Vanillesoße

- **125 g** Butter
- **300 g** Mehl
- **4 EL** Saure Sahne
- ✔ Salz
- **1** Ei

Alle Zutaten schnell zu einem Teig verarbeiten und eine Stunde kalt stellen.

- **6** mittelgroße Äpfel
- **30 g** Butter
- **30 g** gehackte Mandeln
- **30 g** Zucker
- ✔ Zimt nach Geschmack
- **1** Ei zum Bestreichen
- ✔ Mandeln zum Verzieren

Äpfel schälen und Kerngehäuse ausstechen (feste Äpfel mit einer Gabel mehrmals einstechen). Den Teig rechteckig ausrollen, 6 Quadrate ausschneiden und auf jedes Teigstück 1 Apfel setzen. Mit etwas Butter, gehackten Mandeln und Zucker füllen. Den Teig über den Äpfeln zusammenschlagen und die Teigspitzen festdrücken. Darüber das Eigelb pinseln und ein paar geraspelte oder gehackte Mandeln legen. Ein Backblech mit Butterbrotpapier auslegen und die Äpfel darauf setzen.
Backzeit: 30 Minuten bei 200°C Umluft
Der Teig soll goldgelb und trocken sein.

Bratapfel mit Eierlikörsauce
Die wurden vor vielen Jahren im Stubenofen bereitet

- 4 Äpfel, säuerliche, (600 g)
- 1 Zitrone, davon der Saft

Für die Füllung:
- 60 g Butterschmalz, flüssig
- 175 g Marzipan-Rohmasse
- 1 TL Zimt
- 50 g Rosinen
- 50 g Mandeln in Blättchen

Für die Sauce:
- 200 g Sahne
- 7 cl Eierlikör
- 1 EL Puderzucker

Äpfel halbieren, Kerngehäuse großzügig herausschneiden. Äpfel mit Zitronensaft beträufeln. Eine Auflaufform mit 10 g Butterschmalz auspinseln. Das restliche Butterschmalz in eine Rührschüssel geben. Marzipan grob darüber reiben, Zimt zufügen und alles mit dem Mixer verrühren. Rosinen und Mandelblätter unterheben, die Füllung auf die Apfelhälften verteilen und in die Auflaufform geben.
Backzeit: 25 Minuten bei 220°C Umluft

Sahne halbfest schlagen, Eierlikör unterrühren und zu den Äpfeln servieren. Äpfel mit etwas Puderzucker bestäuben.

Schlemmertopf 1
Für 15 Portionen

- **2 kg** Gulasch (vom Schwein)
- **4** Zwiebeln oder **2 Pg** Zwiebelsuppe
- **2** Paprikaschoten
- **350 ml** Tomatenketchup
- **300 ml** Chilisauce
- **1 Ds** rote Bohnen (groß)
- **1 Ds** Tomaten (groß)
- **1 Ds** Champignons (groß)
- **3 Be** Sahne

Fleisch in einen großen Topf (Gänsebräter) geben. Zwiebeln in Ringe schneiden oder 2 Packungen Zwiebelsuppe verwenden. Die Paprika klein schneiden und zum Fleisch dazugeben. Tomatenketchup und Chilisauce dazugeben. Die Champignons abtropfen lassen und dazugeben. Die Tomaten und die roten Bohnen mit samt der Soße dazugeben.
Alles gut verrühren.

Backzeit: 2,5 Stunden bei 200°C Umluft

Dabei ab und zu umrühren. Ca. eine halbe Stunde vor Ende der Bratzeit die Sahne dazugeben und verrühren.

Tipp: Als Beilage Weißbrot und Salat servieren.

Schlemmertopf 2
Für Genießer

>   8 dünne Scheiben Schnitzelfleisch
>   ✔ Fett (zum Braten)
> 150 g Dörrfleisch
>   2 große Zwiebeln
> 1 Ds Champignons
> 2 **Würfel** Rahmsoße
> 2 **Be** Sahne
>   ✔ Salz & Pfeffer

Schnitzel mit Pfeffer und Salz würzen und mit Fett kurz anbraten. Das Fleisch in ein Auflaufform legen. Das Dörrfleisch und die Zwiebeln in Würfel schneiden und leicht bräunen. Das Dörrfleisch, die Zwiebeln und die in Scheiben geschnittenen Champignons vermischen und über dem Fleisch verteilen. Die Rahmsoße mit der süßen Sahne anrühren und über den Auflauf geben. Über Nacht in den Kühlschrank stellen. Am nächsten Tag bei ca. 180°C Umluft 60 Minuten im Backofen garen.

Schokokekse
Kalter Hund in Miniform

>   2 **Pg** Butterkeks
> 375 g Puderzucker
> 125 g Palmin
> 125 g Butter
>   1 Ei
>   ✔ Kakao nach Belieben

Palmin und Butter in einem Topf schmelzen und etwas auskühlen lassen. Puderzucker, Ei und Kakao hinzufügen und zügig miteinander verrühren.

Etwas Kakaomasse auf einen Butterkeks streichen, einen weiteren Keks drauflegen und nochmals etwas Kakaomasse auf den zweiten Butterkeks streichen und mit einem dritten Butterkeks abschließen. Den Vorgang so lange wiederholen, bis die Butterkekse aufgebraucht sind.

Joghurtspeise
Frisch und lecker

- **1 Pg** Götterspeise rot
- **1/4 l** Wasser
- **2 Be** Joghurt
- **50 g** Zucker
- **1 Pg** Vanillinzucker
- ✔ Saft einer Zitrone
- **1 Be** Sahne

Die Götterspeise mit dem Wasser zubereiten. Den Joghurt mit Zucker, Vanillinzucker und Zitronensaft verrühren. Wenn die Götterspeise anfängt zu gelieren, den Joghurt unterheben. Die Sahne steif schlagen und unterheben.

Geleeplätzchen
Optischer Hingucker mit Mega-Geschmack

- **250 g** Mehl
- **125 g** kalte Butter
- **2** Eigelb oder 1 Ei
- **70 g** Zucker
- **1 Pg** Vanillinzucker
- **1 Btl** Zitro Back
  - ✔ Milch zum Bestreichen
  - ✔ Puderzucker zum Bestäuben

Alle Zutaten zu einem Teig verarbeiten und dünn ausrollen. Für die Unterseite Sterne ohne Mittelloch ausstechen und für die Oberseite Sterne mit Mittelloch ausstechen. Den unteren Stern mit etwas Milch bestreichen und den oberen Stern (mit Loch) daraufnlegen. In die Vertiefung etwas Gelee geben.

Backzeit: ca. 10 bis 15 Minuten (Teig soll leicht gebräunt sein) bei 200°C Umluft

Die Plätzchen nach dem Erkalten mit etwas Puderzucker bestäuben.

Schokokugeln
(Brigadeiros) aus Brasilien

  300 g Vollmilchkuvertüre
 1/2 Be Sahne (100 g)
  1 Pg Schokostreusel
   ✔ Pralinenförmchen aus Papier

So wird`s gemacht:
1. Fülle Wasser in einen Topf und stelle einen Suppenteller darauf. Lass das Ganze bei kleiner Hitze langsam warm werden.
2. Lege die Kuvertüre in den Teller und lasse sie schmelzen.
3. Wenn die Schokolade nach ungefähr 5 Minuten flüssig ist, nimmst du den Topf und den Teller vom Herd.
4. Nun bringst du die Sahne in einem anderen kleinen Topf zum Kochen.
5. Wenn die Sahne kocht, stelle den Herd auf die niedrigste Temperatur ein, gieße vorsichtig die flüssige Kuvertüre dazu und rühre sie in die Sahne ein. Nicht zu kräftig schlagen, sondern nur so lange umrühren, bis sich alles zu einer glatten Schokoladenmasse vermengt hat.
6. Lass die ganze Masse kalt werden und stelle sie für einige Stunden, am besten über Nacht, zugedeckt in den Kühlschrank.
7. Am nächsten Tag füllst du die Schokostreusel in einen Suppenteller.
8. Jetzt kannst du mit einem Teelöffel kleine Portionen von der Schokomasse aus dem Topf holen, sie mit den Händen zu walnussgroßen Kugeln formen und in die

Schokostreusel legen. Das muss ganz schnell gehen, damit die Schokolade nicht wieder schmilzt.
9. Die Kugeln wendest du dann ein paar Mal in den Schokostreuseln und legst sie in die Pralinenförmchen. Bewahre sie im Kühlschrank auf, damit sie wieder richtig fest werden.
10. Die Schokokugeln später in einer Dose kühl aufbewahren.

Tipp: Die Brigadeiros sind auch ein tolles selbst gemachtes Geschenk für kleine und große Naschkatzen.

Weihnachtsglühwein
Heisse Getränke für kalte Tage

- **1 Flasche** Rotwein
- **3 EL** Zucker
- **1/2** Zimtstange
- **3** Nelken
- **1/4** Vanillestange
- **1** Zitronne, unbehandelt
- ✔ Arrak, Weinbrand oder Cognac

Den Rotwein mit 3 EL Zucker erhitzen, aber nicht kochen. 1/2 Zimtstange, 3 Nelken, 1/4 Vanillestange und 1 in Scheiben geschnittene unbehandelte Zitrone 15 Minuten darin ziehen lassen. Vor dem Servieren die Gewürze entfernen und 2 Weingläser erwärmten Arrak zugeben. Es dürfen auch Weinbrand oder Cognac sein.

Schweinebraten Provencale
4 leckere Portionen für 4 Personen

- **1 kg** Schweinebraten (aus der Keule)
- **1/4 l** Rotweinessig
- **1/4 l** Rotwein (trocken)
- **1/4 l** Wasser
- **2** Lorbeerblätter
- **10** Pfefferkörner
- **2** Zwiebeln
- **1** Karotte
- **1** Lauchstange
- **2 EL** Öl
- **4** Knoblauchzehen
- **2 TL** Kräuter der Provence
- **1/2 TL** Pfeffer (schwarz)
- **1 TL** Senf
- **1/8 l** Brühe
- **2** Thymianzweige

Fleisch waschen, trockentupfen. Zwiebeln in Ringe schneiden. Karotte und Lauch putzen und klein schneiden. Essig, Wein und Wasser mit Lorbeerblättern, Pfefferkörnern, Senf und klein geschnittenem Gemüse aufkochen. In den erkalteten Sud das Fleisch über Nacht einlegen. Das Fleisch abtropfen lassen. Knoblauch zerdrücken und mit Öl und Gewürzen gut verrühren. Den Braten damit bestreichen und in einen Bräter legen. Die restliche Öl-Kräutermischung, die Brühe und 1/8 l durchgeseihte Marinade zugießen. Thymianzweige hineingeben.

Backzeit: Im vorgeheizten Ofen bei 200°C Umluft 90 Minuten, dann nochmal 15 Minuten bei 240°C braten. Fleisch herausnehmen, Fond abseihen, wenn nötig, entfetten. Nach Belieben den Fond mit Mehl oder Speisestärke andicken.
Tipp: Dazu Semmelknödel

Zimttorte
Für Leckermäulchen

- **125 g** Butter
- **125 g** Zucker
- **1 Pg** Vanillinzucker
- **3** Eier
- **100 g** Mehl
- **25 g** Gustin
- **1 TL** Backpulver
- **1 Pg** Mandelplättchen
- ✔ Zimt

Drei Böden herstellen und mit Zimt und Mandeln bestreuen.
Backzeit: 15 Minuten bei 175°C Umluft

- **3-4 Be** Süße Sahne
- **2-3 Pg** Sahnesteif
- **3/4-1 Fl** Buttervanille
- **6 TL** Zucker

Schlagen und auf die Böden verteilen. Eventuell mit Puderzucker bestreuen.

Silvester - Altjahrsabend

Die Bezeichnung „Silvester" bezieht sich auf den Gedenktag des römischen Bischofs Silvester I. (314 römischer Bischof geworden, gestorben am 31.12.335), der am 31.12. begangen wird. Die Feier des „Altjahrsabend" hat sich erst seit dem 17. Jahrhundert in Korrespondenz zur Feier des Neujahrstages eingebürgert, wobei die Gottesdienste einen sehr ernsten Charakter trugen. Wenn heute ein Gottesdienst am Altjahrsabend gefeiert wird, sollte er im bewussten Gegensatz zu den Versuchen, mit Böllerschüssen und Feuerwerkskrachen die bösen Mächte dieser Welt zu vertreiben, als eine Feier des Sieges Jesu über gerade diese Mächte gestaltet werden.

Die liturgische Farbe ist weiß, da der Altjahrsabend kein eigener Festtag der Kirche ist, sondern ein Tag, der in die Zeit des Christfestes einzuordnen ist.
Der Altjahrsabend wird begleitet von dem Aufruf, bereit zu sein für das Kommen des Herrn, obgleich man die

Stunde nicht kennt (Lk 12, 35-40). Dazu tritt die beruhigende Aussage, dass, wer Gott auf seiner Seite hat, nichts mehr zu fürchten braucht (Röm 8, 31b-39). Der Aufruf zur Umkehr aus Jesaja wird ergänzt durch die Erzählung von der Wolken- und Feuersäule, die treu dem Volk Israel vorangingen. Schließlich verweisen die Perikopen V und VI (die Aufteilung biblischer Predigttexte in verschiedene Reihen) auf Jesus hin: im Glauben an ihm festzuhalten, macht frei und beständig.

Am Altjahrsabend werden wir zu Wachsamkeit und zur Bereitschaft, den Herrn zu empfangen, aufgerufen. Oft meinen wir, dass es nichts anderes zu erwarten gäbe, als was die Welt uns bietet, aber die Bibel lehrt uns, dass wir uns allein auf Gottes Wirken in dieser Welt verlassen sollen, auch wenn wir meinen, dass Gott unendlich fern ist.

Quelle: Internet

Silvester

Hackfleischeintopf ungarisch
Temprament im Kochtopf

- **500 g** Hackfleisch
- **100 g** Speck, geräuchert
- **30 g** Butterschmalz
- **2** Zwiebeln
- **2** Paprikaschoten, grün
- **1/4 l** Rotwein
- ✔ große Fleischtomaten
- **1/8 l** Saure Sahne
- ✔ Cayennepfeffer
- ✔ Salz
- ✔ Paprika, rosenscharf

Räucherspeck würfeln, Zwiebeln schälen und ebenfalls würfeln. Den Räucherspeck in heißem Butterschmalz ausbraten. Das Hackfleisch und die gewürfelten Zwiebeln dazugeben und kräftig anbraten.
Paprikaschoten waschen, entkernen, in Streifen schneiden und zum Fleisch zugeben, kurz mit anbraten. Mit Rotwein auffüllen und ca. 8 Minuten einkochen.
Tomaten heiß überbrühen, schälen, entkernen und in Würfel schneiden. Tomaten zu dem Fleisch zugeben und alles zusammen ca. 10 Minuten fertig dünsten.
Topf vom Herd nehmen. Die Saure Sahne unterheben. Mit Cayennepfeffer, Salz und Paprika kräftig würzen.

Tipp: Als Beilage frisches Baguette, Kräuterbaguette und als Getränk Rotwein.

Feuerzangenbowle
Ob für die Herrenrunde oder mit guten Freunden

- **1/2 Fl** Rum
- **250 g** Zuckerhut
- **2 Fl** einfachen Rotwein
- **3** Apfelsinen
- **1** Zitrone

Den Rotwein zusammen mit dem Saft der Apfelsinen und der Zitrone erhitzen - aber nicht kochen - und in den hitzebeständigen Bowlekörper umfüllen und zu Tisch bringen.

Nun beginnt die Zeremonie:
Die Feuerzange über den Bowlekörper legen, den Zuckerhut darauf. Diesen mit Rum gut durchtränken - etwa ein Weinglas voll - und sofort anzünden. Mit einem Esslöffel Rum vorsichtig nachgießen, bis der Zuckerhut brennend geschmolzen ist. Umrühren und in Gläser füllen. Prosit!
Wer die Bowle weniger süß liebt, nimmt die Zange von der Terrine, bevor der Zuckerhut ganz geschmolzen ist. Verlöscht die Flamme zu früh, nachgießen und erneut anzünden.

Vorsicht: Bei Alkohol in Verbindung mit Feuer besteht bei falscher Handhabung Brandgefahr.

Und nun viel Spaß bei Ihrer Feuerzangenbowle mit Ihren Gästen!

Herzafter Blätterteigkuchen
Blätterteig sollte immer mal gehen...

1 Pg	Blätterteig
3	Paprikaschoten (rot, gelb und grün)
5	kleine Stangen Lauch
5	Zwiebeln
250 g	Bauchspeck
250 g	gekochten Schinken
6	Eier
250 g	Sahne
150 g	Frischkäse mit Kräutern
✔	Salz
✔	Pfeffer
✔	Muskat

Den Blätterteig auftauen, aufeinander legen, ausrollen und mit einem kleinen Rand in einen gefettete Springform legen. Das Gemüse und Fleisch fein würfeln, in einer Pfanne kurz andünsten, abkühlen lassen und über den Blätterteig verteilen. Die anderen Zutaten mit den Gewürzen kräftig abschmecken und über den Kuchen gießen.

Backzeit: 60-80 Minuten bei 175°C Umluft

Heringsalat
Muss auf das Buffet

- 4-5 Heringe, klein schneiden
- 250 g Fleischsalat
- 4-5 Äpfel, klein schneiden
- 1 Gl Gewürzgurken, klein schneiden
- 2 Zwiebeln, gewürfelt
- ✔ Miracel Whip
- ✔ Öl
- ✔ Zucker

Heringe, Fleischsalat, Äpfel, Gurken und Zwiebeln in eine Schüssel geben und gut durchmengen und mit Miracel Whip, Öl und Zucker abschmecken.

Käsegebäck
Darf nicht fehlen

- 500 g Mehl
- 2 TL Backpulver
- 1 TL Salz
- 200 g geriebener Emmentaler
- 150 g Parmesankäse
- 250 ml Sahne
- 250 g kalte Margarine
- ✔ Sesam, Mohn oder Kümmel

Alles gut verkneten, 1cm dick ausrollen, mit Backrad Rechtecke schneiden, mit Ei bestreichen, mit Körnern bestreuen
Backzeit: 12 Minuten bei 180°C Umluft

Exotischer Nudelsalat
Exotisch fruchtig

- **300 g** Gabelspaghetti
- **1 Ds** Ananasstücke
- **1** Apfel
- ✔ Miracel Whip Balance
- ✔ Joghurt
- ✔ Paprikapulver, süß
- ✔ Currypulver
- ✔ Salz

Nudeln bißfest kochen und mit kaltem Wasser anspülen. Den Apfel in kleine Stücke schneiden, die Ananasstücke abtropfen lassen. Alles in einer Schüssel vermischen und mit Miracel Whip und Joghurt nach Geschmack binden. Mit Paprika und Curry kräftig würzen, der Salat soll eine gelbe Farbe haben. Eventuell mit Salz abschmecken.

Sekt-Sorbet
Konnis Liebling

- **1 Fl** Orangensaft
- **1 Fl** Maracujasaft
- **1/2 l** Vanilleeis in Würfel schneiden

Alles in eine große Schüssel geben und mit **einer Flasche Sekt** auffüllen.

Oliven-Schinken-Käsebrot
Der Partyhit

- **4** Eier
- **100 ml** Olivenöl

Die Eier mit dem Olivenöl verschlagen.

- **200 g** Schinkenwürfel
- **50 g** ungesalzene Nüsse (Walnüsse, Pistazien,...)
- **150 g** geriebenen Käse (Gryere/Emmentaler/Schafskäse/...)
- **150 g** entkernte Oliven (grün und schwarz)
- **1 Bd** frisch gehackte Kräuter (oder z.B. Kräuter der Provence)
- **1 TL** Pfeffer
- ✔ Kümmel

Zutaten mit der Eimasse vermengen.

- **250 g** (Vollkorn-) Mehl
- **1 Pg** Backpulver

Verrühren und zu einem Teig vermengen (mit dem Holzlöffel oder den Händen). Den Teig in eine Kastenform füllen. Heiß servieren.
Backzeit: 50 Minuten bei 180°C Umluft

Das Brot ist mit viel frischem Salat oder Rohkost serviert eine vollständige Mahlzeit, macht sich aber auch zum Buffet sehr gut.

Mini-Berliner
Kult-Kugeln bei uns zu Hause

- 50 g Butter
- 50 g Zucker
- 1 Pg Vanillinzucker
- 125 g Speisequark
- 1 Ei
- 2 EL Zitronensaft
- 50 g Speisestärke
- 150 g Mehl
- 1 TL Backpulver
- ✔ Fett zum Ausbacken
- ✔ Puderzucker zum Bestääuben

Aus dem Teig kleine Berliner formen und im heißen Fett ausbacken. Berliner anschließend mit Puderzucker bestäuben.

Kräftiger Salat mit Gehacktem
Kräftige Grundlage

- 500 g Gehacktes
- 1 kleine Zwiebel, würfeln
- 1 Ds Champignons
- 1 Ds Mais
- 1 Gl Miracel Whip, klein

Das Gehackte kräftig würzen und mit Zwiebelwürfeln krümelig braten. Abkühlen lassen. Restliche Zutaten unterheben. Abschmecken.

Pfundstopf
Für 12 Personen

> **500 g** Rindfleisch
> **500 g** Schweinefleisch
> **500 g** Hackfleisch (halb & halb)
> **500 g** Mett
> ✔ Salz & Pfeffer
> **500 g** durchwachsener Speck
> **500 g** Zwiebeln
> **1 Ds** Tomaten, 800 g
> **500 g** Paprikaschoten, rot
> **500 g** Paprikaschoten, grün
> **250 ml** Zigeunersauce (Fertigprodukt)
> **250 ml** Fleischbrühe

Fleisch unter fließendem kaltem Wasser abspülen, trockentupfen, würfeln und in eine große gefettete Auflaufform geben. Hackfleisch und Mett mit Salz und Pfeffer abschmecken, kleine Bällchen formen und in die Auflaufform geben. Speck in kleine Würfel schneiden. Zwiebeln abziehen und fein würfeln. Tomaten etwas zerkleinern. Zwiebelwürfel, Tomaten und Tomatensaft in die Auflaufform geben. Paprikaschoten halbieren, entstielen, entkernen, die weißen Scheidewände entfernen, Schoten waschen und in Streifen schneiden. In die Auflauform geben. Zigeunersauce und die heiße Fleischbrühe zuletzt über den Pfundstopf geben, durchmengen, abdecken und auf dem Rost in den Backofen schieben.
Backzeit: 200 °C (Ober-/ Unterhitze, vorgeheizt) 180 °C (Heißluft, nicht vorgeheizt) etwa 2 Stunden

Neujahr

Durch die julianische Kalenderreform im Jahr 45 v.C. wurde der Jahresbeginn auf den 1. Januar festgelegt.

In Rom wurden die ersten Tage des Jahres mit fröhlichem bis orgiastischem Treiben begangen (Saturnalien), was in Augustinus Versuchen, diesen Tendenzen entgegenzusteuern, sehr schön deutlich wird:

"Jene mögen Neujahrsgeschenke machen, ihr sollt Almosen geben; jene mögen ausgelassene Lieder singen, ihr sollt euch hinziehen lassen zum Wort der Schrift; jene mögen ins Theater eilen, ihr in die Kirche; jene mögen sich berauschen, ihr sollt fasten."

Quelle: Internet

Gebet am Neujahrsmorgen

Mein Gott, das neue Jahr
und was es bringen mag,
sei mir aus deiner Hand gegeben:
Du bist der Weg, die Wahrheit und das Leben.

Du bist der Weg:
ich will ihn gehen.
Du bist die Wahrheit:
ich will sie sehen.
Du bist das Leben:
mag mich umwehen
Leid und Kühle,
Glück und Glut,
alles ist gut,
so, wie es kommt.
Gib, dass es frommt!

In deinem Namen
will ich beginnen. Amen.

Nach Hubertus Halbfaß

Neujahr

Hackbraten mit Kartoffeln
Einfach deftig

400 g	Hackfleisch
1	Ei
✔	Salz & Pfeffer
1/2 TL	Senf
1 EL	gehackte Zwiebeln
40 g	Butter
25 g	Semmelbrösel
3 EL	Mineralwasser
3 EL	Dosenmilch
75 g	Champignons
✔	Chilisauce
8 Scheiben	Schinkenspeck (60 g)
8	mittelgroße Kartoffeln (750 g)

Aus Hackfleisch, Ei, Gewürzen, den in Butter goldbraun gerösteten Zwiebeln und einem Gemisch von Semmelbröseln, Mineralwasser und Milch einen Fleischteig zubereiten. Länglichen Laib formen und in die Mitte einer gebutterten Form setzen. Pilze in Scheiben schneiden und den Braten damit spicken. Mit ein paar Tropfen Chilisauce beträufeln und den Braten mit Schinkenspeckscheiben bedecken. Kartoffeln schälen und dünne Scheiben einschneiden, so dass der Boden noch zusammenhält. (Jede Kartoffel in einen großen Löffel legen und bis zum Löffelrand einschneiden.) Kartoffeln um den Hackbraten legen, würzen und mit Butterflöckchen besetzen.
Backzeit: 40 Minuten bei 180°C Umluft - vorgeheizt

Neujahrskuchen
Originalrezept direkt aus Ostfriesland

- 170 g Mehl
- 170 g Zucker
- 1 Ei
- 60 g Magarine
- 1/4 l Wasser
- 8 g Vanillinzucker
- 1 TL Kardamom

Für die Zubereitung der 30 ostfriesischen Neujahrskuchen, auch Eisenkuchen genannt, braucht man ein spezielles Waffeleisen.
Anders als die weichen Eierwaffeln werden diese Waffeln hauchdünn und knusprig gebacken.

Zunächst wird das Mehl mit dem Zucker gemischt. Dann rührt man das Ei und die Margarine darunter und fügt so viel Wasser (keine Milch) zu, bis ein dickflüssiger Teig entsteht. Dann würzt man ihn mit Vanillinzucker und Kardamom. Der Teig muss über Nacht quellen. Wenn er am nächsten Tag zu dick ist, kann man noch einmal wenig Wasser dazutun. Dann im Waffeleisen nach Belieben bräunen. Man kann die Waffeln als flache Scheiben backen; dann lassen sie sich besser stapeln. Oder man rollt sie noch heiß mit Hilfe eines Holzstückes zu einer Rolle und kann sie dann mit Sahne und/oder Früchten füllen. Auch als Eistüten eignen sie sich gut. Dafür muss man sie noch heiß in einen spitzen Meßbecher gleiten lassen.

Hessische Kräbbel

23 Stück, die viel zu schnell alle sind

- **375 g** Mehl
- **1 Pg** Trockenhefe
- **40 g** Zucker
- **2** Eier
- **1/8 l** Milch (kann auch etwas mehr sein)
- **✔** Salz
- **60 g** Margarine

Mehl in eine Schüssel geben. An der Seite die Hefe mit etwas Mehl mischen. Milch erwärmen und mit der Mehl-Hefemasse vermischen, gut durchkneten und so lange gehen lassen, bis sich die Masse verdoppelt hat.

Zucker, Eier und Salz hinzufügen und gut durchkneten. Die Margarine zerlassen und zum Schluss hinzufügen und nochmals durchkneten. Sollte der Teig noch zu feucht sein, noch ordentlich Mehl dazugeben, bis er eine gute Konsistenz zum Ausrollen hat. Den Teig ausrollen und mit einem Glas ca. 1 1/2 cm dicke Kreise ausstechen und nochmals gehen lassen.

Anschließend in heißem Öl oder Palmin von jeder Seite ausbacken und in Zucker wälzen.

Matjes-Gemüsesalat
An der Nordseeküste...

- **3** Matjesfilets
- **1** Paprikaschote, grün
- **1/2 Gl** Perlzwiebeln
- **3** Tomaten
- **1** Gewürzgurke
- **2 Scheiben** gekochten Schinken
- **3 EL** Mayonnaise
- **2 EL** Tomatenketchup
- **2 EL** Chilisoße
- ✔ Paprika
- ✔ Salz & Pfeffer
- **2 Spritzer** Tabasco

Matjesfilets in dünne Streifen schneiden, Paprikaschoten halbieren, vierteln und in Streifen schneiden, Perlzwiebeln abtropfen lassen, Tomaten achteln, Schinken und Gewürzgurke ebenfalls in feine Streifen schneiden. Von Mayonnaise bis Tabasco alles miteinander verrühren und zu den anderen Zutaten geben. Gut durchziehen lassen.

Vasilopita

Griechischer Zopf für Neujahr/Silvester

1000 g Mehl (Weißmehl)
20 g Salz
1 Pg Hefe (Trockenhefe)
100 g Zucker
100 g Butter oder Margarine, klein geschnitten
3 Eier
2 Orangen, nur abgeriebene Schale
1 TL Zimt, gemahlen
✔ Muskat
30 ml Milch - Wasser (evtl. 40 ml)
✔ eine Silber- oder Goldmünze

Mehl in eine tiefe Schüssel sieben, in der Mitte eine Mulde formen und das Salz über dem Muldenrand verteilen. Die Hefe in einer Tasse mit einem Esslöffel Milch auflösen.
Den Zucker und die Butter oder die Margarine in die Mulde geben. Die Eier miteinander leicht verquirlen und mit der Orangenschale, Zimt, Muskat und der Milch ebenfalls in die Mulde geben. Alles zu einem festen Teig verarbeiten.
Mindestens 15 bis 20 Minuten kneten und schlagen, bis der Teig geschmeidig ist und beim Durchschneiden kleine Löcher aufweist.
In eine Schüssel legen und mit einem feuchten Tuch bedeckt an einem warmen Ort 1 Stunde gehen lassen. Nochmals kurz durchkneten und weiterverarbeiten wie bei einem normalen Zopf, dabei in einem Strang evtl.

eine Silber- oder Goldmünze verstecken. Diese soll dem Finder Glück im neuen Jahr bringen.

Auf ein mit Backtrennfolie belegtes Blech setzen und nochmals 10 Minuten gehen lassen. Evtl. mit einem Ei bestreichen und im vorgeheizten Ofen bei 200°C 60 bis 85 Minuten backen. In den ersten 30 Minuten Ofentüre nicht öffnen!

Rotweinkuchen
Der schmeckt immer

6	Eier
300 g	Butter
300 g	Zucker
2 Pg	Vanillinzucker
150 g	Schokostreusel
1 1/2 TL	Zimt
1 1/2 TL	Kakao
300 g	Mehl
1 Pg	Backpulver
1/8 l	Rotwein

Eier trennen. Eiweiß mit etwas Zucker steif schlagen. Eigelb, Butter, Zucker, Vanillinzucker, Schokostreusel, Zimt, Kakao, Mehl, Backpulver und Rotwein zu einem Teig verarbeiten und anschließend das Eiweiß unterziehen. Den Teig in eine gefettete mit Paniermehl ausgestreute Springform mit Rohrbodeneinsatz geben.
Backzeit: 60 Minuten bei 180°C Umluft

Die Bezeichnung „Fastenzeit" ist der Bezeichnung „Passionszeit" (Leidenszeit) vorzuziehen, denn eigentlich liegt der Schwerpunkt dieser Zeit nicht auf dem Leiden Jesu, sondern vielmehr auf unserer ganz bewussten Ausrichtung auf das Wirken Gottes mit uns durch Jesus Christus. Die Lesungen der Sonntage der Fastenzeit befassen sich auch nicht so sehr mit dem Leiden Jesu, als vielmehr mit der Reaktion der Menschen auf das Kommen und Wirken Jesu. Erst in der Nacht von Gründonnerstag auf Karfreitag beginnt das eigentliche Leiden Jesu.

Wenn wir im Zusammenhang dieser Zeit, deren Endpunkt das Osterfest ist, von „Fasten" reden, meinen wir damit nicht den radikalen Verzicht auf bestimmte Konsumgüter oder auch Nahrungsmittel. Fasten im biblischen Sinn bedeutet vielmehr, mit den Gaben Gottes und seiner Schöpfung verantwortungsvoll unzugehen und diese maßvoll zu gebrauchen. Dies schließt auch den Umgang der Menschen untereinander mit ein. Fasten bezieht sich dann nicht nur auf einen bestimmten Lebensbereich (z.B. Essen) oder eine bestimmte Zeit (z.B. einen Tag in der Woche), wenngleich dies eine gute Hilfe zu einem verantwortlichen Leben sein kann, sondern auf alle Lebensbereiche. Dabei sollen wir nicht fragen, was das Fasten für uns austrägt, sondern wie wir am sinnvollsten die Verantwortung für die Schöpfung, die uns übertragen ist, wahrnehmen können.

In der Zeit der Alten Kirche wurden die Taufbewerber in der Fastenzeit einen beschwerlichen Bußweg geführt, damit sie frei würden von allen heidnischen Bindungen. Dabei stand das Fasten, der Verzicht auf Nahrung, im Vordergrund. Der Bußweg hatte seinen Höhepunkt in der Feier der Osternacht, in der dann die Bewerber getauft wurden. Auch uns, die wir bereits getauft sind, soll die Fastenzeit daran erinnern, dass wir den Weg des Herrn mitgehen. Dieser Weg führt uns durch Leiden und Tod zum Leben.
Unterbrochen wird die Fastenzeit durch die Feier der Sonntage, die nicht als Fastentage begangen werden können. Denn hier wird der Sieg Jesu über alle finsteren Mächte gefeiert. Daher ist die Dauer der Fastenzeit von alters her ohne die Sonntage gezählt worden, und man kommt so auf eine Dauer von 40 Tagen (Quadragesimae). Diese Zahl erinnert an Mose (er blieb 40 Tage auf dem Berg Sinai - 2. Mose 24, 18), Elia (er wanderte 40 Tage durch die Wüste - 1. Kön 19, 8) und Jesus Christus (er fastete 40 Tage, bevor er vom Satan versucht wurde - Mt 4, 1-11).
Die liturgische Farbe der Fastenzeit ist Violett. Sie ist die Farbe der Buße, des Gebetes und der ernsten Besinnung. Zugleich erinnert sie an den Purpurmantel, den der Herr zum Spott umgehängt bekam vor seiner Kreuzigung.
Quelle: Internet

Fastenzeit

Luzerner Fastensuppe (Schweiz)
Für 12 Portionen

- **50 g** Trockenbohnen, eingeweicht
- **50 g** Trockenerbsen, eingeweicht
- **150 g** Kartoffeln, klein gewürfelt
- **100 g** Karotten (Möhren), in feine Scheiben
- **100 g** Rosenkohl (Kohlsprossen), geviertelt
- **100 g** Blumenkohl (Karfiol), zerpflückt
- **100 g** Weißkraut (Weißkohl), in feine Streifen
- **100 g** Spinat, in Streifen
- **100 ml** Milch
- **80 g** Mehl
- **40 g** Butter
- ✔ Muskatnuss, etwas davon abgerieben
- **1** Ei
- **100 ml** Sahne
- **20 g** Petersilie, fein gehackt
- **20 g** Schnittlauch, in Röllchen
- ✔ Salz & Pfeffer

Hülsenfrüchte getrennt in kaltem Wasser über Nacht einweichen. Abspülen, abtropfen lassen. Bohnen und Erbsen in 2,5 l Wasser fast weich kochen. Das übrige Gemüse der Reihenfolge nach zufügen und bissfest kochen. Aus Milch, Butter, Mehl und Ei einen Teig bereiten. Mit Muskat, Salz & Pfeffer würzen. Mit Löffel Klösschen aus der Masse abstechen und kurz in der Suppe mitkochen. Abschmecken. Eigelb verquirlen, mit Sahne mischen und die Suppe damit binden. Vor dem Servieren mit Petersilie und Schnittlauch bestreuen.

Milchsuppe
Wirklich nicht nur zur Fastenzeit

- **1 l** Milch
- **2** Eier
- ✔ Salz
- ✔ Mehl

Milch aufkochen. Die Eier mit dem Salz und so viel Mehl verrühren, bis ein steifer Teig entsteht. Mit einem Löffel kleine Teigportionen abstechen und in die kochende Milch geben. Das Ganze ca. 2 Minuten weiter kochen lassen. Die Suppe evtl. mit Maggi abschmecken.

Fastengericht zum Karfreitag
Dazu grünen Salat servieren

- **400 g** Reis, gegart
- **700 g** Fisch, geräuchert
  (Rotbarsch, Heilbutt oder fertige Makrelenfilets)
- **2 EL** Petersilie, gehackt
- ✔ Butter
- **3 EL** Tomatenketchup
- ✔ Sahne

Den Fisch 2 Minuten in heißes Wasser legen, enthäuten, entgräten und mit einer Gabel in kleine Stücke zerpflücken. In einer Pfanne mit ein wenig Butter anrösten. Reis, Fisch und Petersilie in einer Schüssel mischen. Tomatenketchup mit so viel Sahne verrühren, bis die Sauce rosafarben ist. Über das Gericht geben oder dazu servieren.

Valentinstag

Der Valentinstag am 14. Februar – eine wunderschöne Gelegenheit, mal wieder seine Zuneigung zum Partner auszudrücken. Ein paar Blumen, ein wenig Konfekt, ein schönes (Koch)Buch. Oder noch besser: Mit einem exotischen Leckerbissen aus diesem Kochbuch die weitaus bessere Hälfte überraschen! Da freuen sich alle: Der Blumenhändler, die Konfiserie, der Buchhändler, der Freundeskreis, der dieses Buch herausgibt, und vielleicht sogar der oder die Zielperson. Letzteres muss aber nicht unbedingt sein. Hauptsache er/sie hat gemerkt, dass man an diesen Tag gedacht hat und Zeit und/oder Geld geopfert hat. Der Empfänger hat jedenfalls die Pflicht, sich zu freuen und – was viel wichtiger ist – sich zu revanchieren.
Sie merken, so ganz Ernst ist es mir mit dem Valentinstag nicht. Brauche ich einen besonderen Tag, um meiner Liebe sichtbar Ausdruck zu verleihen?!
Zu schnell geantwortet: Nein! Wenn ich schon sonst nicht meine Verehrung durch eine Aufmerksamkeit

unterstreiche, dann darf ich durchaus den Valentinstag zum Anlass nehmen. Dann erkennt auch der oder die Bedachte, wer am Tag der Liebenden etwas schenkt, hat über seine Liebe zu mir nachgedacht.
Macht also doch irgendwie Sinn?!?!

Der historische Heilige Valentin starb im Jahr 269 wegen seines Festhaltens am christlichen Glauben den Märtyrertod. In diesem Zusammenhang hat eine ganz besondere Tat ihn zum Schutzheiligen der Verliebten werden lassen. Der Kaiser glaubte, dass unverheiratete Männer viel bereitwilliger in den Krieg ziehen. Deshalb verbot er, Soldaten christlich zu trauen. Und dem widersetzte sich Bischof Valentin, indem er die Verliebten heimlich traute. Man sagt er war den Verliebten besonders zugetan und beschenkte vorbeikommende Paare mit Blumen aus seinem Garten.

Karl Wilhelm Bergerhoff, Hermannsburg

Valentinstag

Erdbeerrosette mit Honigeissauce
Für meine Süße

Für die Honigeissauce:
- 1/4 l Milch
- 1/2 l Sahne
- 125 g Honig
- 4 Eigelb
- 2 Eier
- 100 ml Sekt
- 100 g Kuvertüre
- ✔ Minze

In einem Topf (ca. 25 cm Durchm.) die Milch, 1/4 l Sahne und den Honig aufkochen lassen. Eigelb, Eier und Zucker in einer Metallschüssel schaumig rühren. Die Milchmischung unter ständigem Rühren langsam zugeben. Nun die Masse im Wasserbad ca. 10 Minuten schaumig rühren, bis die Masse eine Rose zieht. Die Honigmasse abkühlen lassen und in der Eismaschine gefrieren lassen. Die restliche Sahne steif schlagen und während des Gefrierens zugeben. Das Eis bei Zimmertemperatur stehen lassen und kurz vor dem Servieren mit Sekt verrühren.

Gefrierzeit: 1/2 Stunde

Für die Erdbeeren:
- 300 g Erdbeeren
- 1 TL Puderzucker

Erdbeeren waschen und gut abtropfen lassen. 100 g Erdbeeren durch ein Sieb passieren. Dieses Erdbeermark mit den restlichen Erdbeeren und dem Puderzucker vermischen.
Die Kuvertüre erwärmen und in eine kleine Spritztüte füllen. Auf die Teller je eine Blattform spritzen.
Die Honigeissauce und die marinierten Erdbeeren darauf anrichten und mit Minzblättern garnieren.

Blätterteigtaschen
Romantisch zu einem Glas Wein

2 Pg Schmelzkäse (Schiffchen)
1 Pg gekochter Schinken
1/2 Pg Schafskäse
9 Scheiben Blätterteig

Den Blätterteig auftauen, halbieren, etwas ausrollen. Aus den anderen Zutaten eine Masse bereiten. Den Teig damit füllen, zuklappen, mit Milch bestreichen.

Backzeit: ca. 20 Minuten bei 175°C Umluft

Erdbeerherzen zum Valentinstag
Lass die Herzen sprechen

- **150 g** Quark
- **200 g** Puderzucker
- **2** Eier
- **1 TL** Vanille, gemahlen
- **300 g** Dinkel
- **1 TL** Backpulver
- **225 g** Erdbeeren, gefroren (oder getrocknete Cranberries)
- ✔ Salz
- ✔ Butter, für das Blech

Quark mit Puderzucker und Eiern gut schlagen. Vanille, Mehl, Backpulver und Salz untermischen.
Erdbeeren auftauen und zerkleinern. Die Mischung mit Mehl und Erdbeeren verkneten.
Das Blech einfetten, mit Mehl bestäuben und den Teig 2 cm dick drauf streichen.

Backzeit: 20 Minuten bei 175°C Umluft

Dann Herzen aus dem weichen Teig ausstechen, abkühlen lassen. Wer keine Reste mag, kann den Teig auch in Vier- oder Rechtecke schneiden.

Brokkoli-Filet-Pfännchen
Reichlich für 2 Personen...

600 g Schweinefilet
✔ Salz & Pfeffer, weiß
1 EL Öl
750 g Brokkoli
200 g Käse, gerieben
✔ schwarzer Pfeffer, frisch gemahlen
250 ml Milch
✔ Cognac (nach Geschmack)
1 EL Saucenbinder

Brokkoliröschen in Salzwasser dünsten. Schweinefilet in ca. 2 cm dicke Scheiben schneiden. Mit Salz und Pfeffer würzen. Filetscheiben von jeder Seite ca. 5 Minuten braten. Schweinefilet aus der Pfanne nehmen. Bratensatz mit Milch und Cognac lösen, aufkochen. Die Hälfte Käse in der Soße schmelzen. Evtl. mit Soßenbinder binden. Mit Salz und Pfeffer abschmecken. Filetscheiben, mit Brokkoliröschen in eine kleine, feuerfeste Formen geben. Die Soße darüber gießen und den Rest Käse darüber streuen.

Backzeit: 5 bis 10 Minuten bei 200°C Umluft

Tipp: Dazu Reis und die Herzensdame mit dem Gericht überraschen!

Himbeerschnitten
Verwöhnung pur

4 Eier
6 **EL** heißes Wasser
1 **Pg** Vanillinzucker
150 g Zucker
75 g Mehl
75 g Speisestärke
1 **TL** Backpulver

Biskuitteig: Die Eier trennen. Eiweiß mit 1 Teel. Zucker steif schlagen. Eigelb mit 6 EL heißem Wasser und dem Zucker cremig rühren. Eiweiß, Mehl, Speisestärke und Backpulver auf die Eicreme geben und mit einem Schneebesen unterheben.
Die Masse auf ein gefettetes Backblech geben.
Backzeit: 15 bis 20 Minuten bei 175°C Umluft

Auf den ausgekühlten Biskuit folgenden Belag geben:

4 **Be** Sahne schlagen
2 **Pg** Himbeergötterspeise mit
1/2 l Wasser und
4 **EL** Zucker erwärmen und auskühlen lassen
2 **Pg** Tiefkühlhimbeeren in die Götterspeise geben und umrühren

Die geschlagene Sahne dazugeben und nochmals gut umrühren. Die Masse auf den Biskuitteig geben und fest werden lassen.

Liebesküsschen

Rote Rosen und gebackene und verzierte Herzen gibt es bekannterweise zum Valentinstag, aber kennt Ihr die "Liebesküsschen"? - Nein? Dann solltet Ihr es in diesem Jahr mal damit versuchen, Eure/n Liebste/n zu verwöhnen!

- **250 g** Kokosfett
- **150 g** geriebene Blockschokolade
- **250 g** Puderzucker
- **3** Eier
- **1 Pg** Vanillinzucker
- **1/2 TL** Instant-Kaffee
- **1 Pg** große Backoblaten

Kokosfett im Wasserbad flüssig werden lassen, Eier und Puderzucker miteinander verschlagen und darunter rühren.
Dann die Schokolade, Vanillinzucker und Kaffee dazugeben. Masse leicht abkühlen lassen und etwas davon auf eine Oblate streichen, mit der nächsten bedecken und dies 2x wiederholen, Oblate bildet den Deckel. Im Kühlschrank erkalten lassen und in beliebige Formen schneiden und verziehren, z. B. mit roten Marzipanherzchen!

Schweinefleisch in Curry
Gut geeignet für ein Date

    750 g mageren Schweinebug
     50 g Butter
       2 mittlere Zwiebeln
       1 Knoblauchzehe
       1 sauren Apfel
   1/8 l Wasser (oder Weißwein)
   1/8 l Saure Sahne
   3 EL Curry
      ✔ Salz
      ✔ Zitronensaft

Das in Würfel geschnittene Fleisch mit dem Curry kräftig einreiben. Butter zerlaufen lassen, das Fleisch dazugeben und leicht anbraten, darf nicht braun werden, da sonst der Curry bitter wird. Salzen, pfeffern, feingeschnittene Zwiebeln, den Apfel und Knoblauch dazugeben, mit dem Wasser oder Weißwein auffüllen. Ca. 1 Stunde schmoren, Sahne dazugeben und noch 15 Minuten ziehen lassen. Das Fleisch aus der Sauce nehmen, Sauce durch ein feines Sieb streichen und mit etwas Salz und Zitronensaft abschmecken und wieder über das Fleisch geben.

Kirschherz zum Valentinstag
Der Nachtisch beim Date

    1 Gl Schattenmorellen (680 g Inhalt)
    8 Blatt Gelatine
    4 EL Zucker
    ✔ Zimt, gemahlen
    2 EL Kirschwasser, je nach Geschmack

Kirschen abtropfen lassen (Saft auffangen). Gelatine in kaltem Wasser 10 Minuten einweichen. 300 ml des Saftes abmessen und erwärmen. Ausgedrückte Gelatine darin auflösen. Zucker, Zimt und Kirschwasser hinzufügen und alles miteinander verrühren.
Kirschen dazugeben und in das leicht geölte und kalt ausgespülte Silikon-Herz füllen. Im Kühlschrank erstarren lassen und anschließend stürzen (dazu evtl. kurz in heißes Wasser tauchen).

Mit Vanillesauce oder geschlagener Sahne servieren!

Der Karfreitag

Das Wort Karfreitag (Kummer-Freitag) leitet sich vom althochdeutschen Begriff „chara" ab, was Klage, Elend oder Trauer bedeutet. Die frühen Christen beklagten das Sterben und den Tod von Jesus, weil sie glaubten, dass alles verloren sei. Für sie war es schon ein Tag der Trauer und nicht der Festesfreude.
Der Karfreitag (ein „stiller" Feiertag) galt früher für die evangelischen Christen als strenger Bußtag und ist heute höchster kirchlicher Feiertag. Vor allem im Tod Jesu sahen die Reformatoren die Erlösung aus Sünde und Schuld.
Für die Katholiken ist das Osterfest der höchste kirchliche Feiertag. In der römisch-katholischen Kirche besteht der Karfreitag aus drei Teilen: Wortgottesdienst, die Verehrung des Kreuzes und die Feier der hl. Kommunion. Dieser Tag ist der Überlieferung nach der Todestag von Jesus. An diesem Tag fand der Prozess, die Hinrichtung und die Beerdigung Jesu in Jerusalem statt. In der Bibel finden sich in den vier Evangelien die Abläufe und Ereignisse der Geschehnisse in den Passionsgeschichten wieder. Nach dem jüdischen Kalender ist Jesus am 15. Nisan mittags um die neunte Stunde am Kreuz auf dem Kalvarienberg gestorben. Dem gregorianischen Kalender nach könnte es der 7. April im Jahre 30 nachmittags um drei Uhr gewesen sein.

Der Karfreitag ist der Gedächtnistag der Kreuzigung. Er wird als Fasttag und im Zeichen der Trauer in Stille und Besinnlichkeit begangen.

Am Karfreitag werden heute noch verschiedene Brauchtümer gepflegt.

Christen essen am Karfreitag Fisch, weil der Fisch eines der ältesten Symbole ist, mit dem sie sich zu erkennen geben. Das Wort „Fisch" heißt auf griechisch „Ichthys". Das sind die Anfangsbuchstaben von „Iesus Christos Theos Yos Soter". Auf deutsch: „Jesus Christus, Gottes Sohn, Retter". Darüber hinaus ist es christliche Tradition, dass an Fasttagen generell auf Fleisch „der Tiere des Himmels und der Erde" verzichtet wird. Auch aus diesem Grunde greift man am Karfreitag auf Fisch zurück.

In Frankreich heißt der Karfreitag „vendredi saint", was heiliger Freitag heißt.
In England wird er „Good Friday" oder „Black Friday" genannt, was übersetzt guter Freitag oder schwarzer Freitag heißt.

Quelle: Internet

Karfreitag

Kartoffelauflauf für 4 Personen
Vegetarisch

- **650 g** Kartoffeln, vorgekochte
- **300 g** Brokkoli
- **2** Tomaten
- **10 g** Butter
- **200 g** Schmelzkäse
- **1** Eigelb
- **100 ml** Sahne
- ✔ Salz
- ✔ weißer Pfeffer
- ✔ Muskat
- ✔ Petersilie
- ✔ Schnittlauch

Kartoffeln in Scheiben schneiden, Brokkoli putzen, waschen und in mundgerechte Stücke schneiden, Tomaten achteln.
Auflaufform einfetten, Kartoffelscheiben und Gemüse in der Form verteilen.
Schmelzkäse mit Eigelb und Sahne verquirlen, mit den Gewürzen abschmecken, Kräuter waschen und fein hakken, in die Soße geben und über das Gemüse gießen.

Auflauf im vorgeheizten Ofen bei 220 Grad etwa 10-15 Minuten überbacken

Gratinierter Fisch
Mal ausprobieren

```
   1 TL  Fett (zum Ausfetten der Jenaer Glasform)
  500 g  Seefisch
  1/2    Zitrone, auspressen
    2    Tomaten
 1/2 TL  Salz
    ✔    Pfeffer
    ✔    Thymian
  100 g  Käse, geriebenen
  1/8 l  Milch
    2    Eier
    ✔    Salz
 1/2 TL  Paprika
    ✔    Petersilie, gehackt
```

Das Fischfilet waschen, trockentupfen und wenn nötig, in kleinere Stücke schneiden, Fisch in die gefettete Auflaufform legen, mit Zitronensaft beträufeln und zugedeckt ca. 25 Minuten ziehen lassen. Während der Fisch durchzieht, den Backofen auf 250°C einstellen. Die Tomaten überbrühen, abziehen, in Scheiben schneiden und auf dem Fisch verteilen; mit Salz, Pfeffer und Thymian bestreuen. Den Fisch auf der mittleren Schiene im Backofen 10 Minuten braten. Den Käse reiben und zu der verquirlten Eiermilch geben. Nach den 10 Minuten Bratzeit die Käse-Eiermilch über den Fisch verteilen und weiter braten, bis die Käsemasse goldgelb ist (Ca. 10 Minuten). Den gratinierten Fisch mit gehackter Petersilie bestreuen.

Frischkäsesalat
Frisch wie der Morgen

- **1 Pg** Frischkäse
- **1 Pg** Crème fraîche Kräuter
- **1 Pg** Italienische Tiefkühl Kräuter
- **1** Zwiebel
- **1** Stange Porree
- **1** Paprika
- ✔ Salz & Peffer
- ✔ Fondor

Das Gemüse sehr klein schneiden und mit den anderen Zutaten mischen. Mit Salz, Peffer und Fondor abschmecken.

Kräuterbutter
Für viele Gelegenheiten

- **125 g** Butter
- **125 g** Margarine
- **1** Zwiebel
- ✔ Salz & Peffer
- ✔ Petersilie
- ✔ Schnittlauch
- **1** Knoblauchzehe

Die Zwiebel fein würfeln, die Knoblauchzehe pressen, die Kräuter hacken und alle Zutaten vermengen.

Fischfrikassee
Einfache Zubereitung

- **500 g** Seelachsfilet
- **1 EL** Zitronensaft
- **50 g** Fett
- **40 g** Mehl
- **1/2 l** Milch
- ✔ Salz
- ✔ Petersilie, gehackt

Fisch säubern, in große Stücke schneiden und mit Zitronensaft beträufeln. Fett zerlaufen lassen, Mehl hinzugeben und so lange rühren, bis die Masse hellgelb ist. Mehl unter Rühren hinzugeben, einmal kurz aufkochen, mit Salz abschmecken. Die Fischwürfel dazugeben und in der Soße gar ziehen lassen. Gehackte Petersilie dazugeben.

Handkäs' mit Musik
Das hessische Original

- **1 Rolle** Handkäse - Harzer (gut ausgereift)
- **1** große Zwiebel
- **1 EL** Essig
- **2 EL** Öl
- ✔ Salz & Pfeffer
- ✔ Zucker

Den Käse in Streifen, die Zwiebel hacken und alles gut vermengen. Drei Stunden durchziehen lassen.
Dazu frisches Bauernbrot.

Schellfisch
Auf schwedische Art

1	Schellfisch (ca. 1,5 kg)
1/2	Zitrone, auspressen
✔	Salz
100 g	Krabbenfleisch
1	Zwiebel
25 g	Fett
1 EL	Paniermehl
1 Ds	Champignons (Einwaage ca. 100 g)
✔	Salz & Pfeffer

Vorbereiteten Fisch mit Zitronensaft beträufeln, salzen und 10 Minuten ziehen lassen.
Fett zerlaufen lassen und Zwiebelringe darin dünsten. Paniermehl, blättrig geschnittene Pilze, Krabbenfleisch und Gewürze miteinander verrühren und den Fisch damit füllen; mit Zahnstochern schließen. Fisch in eine gefettete Pfanne, Römertopf oder Jenaer-Glasform legen und im Backofen braten.

Backzeit auf mittlerer Schiene:
E-Herd 35 Minuten bei 225°C
Gas-Herd 35 Minuten auf Stufe 4

Struwen

Ein altes Gericht, welches traditionell am Karfreitag gegessen wurde (Münsterland)

- **20 g** Hefe
- **300 ml** Milch
- **1 EL** Zucker
- **250 g** Mehl
- ✔ Salz
- **125 g** Rosinen
- **30 g** Butterschmalz

Frische Hefe in ca. 50 ml lauwarmer Milch lösen. Zucker zufügen und Hefemilch ca. 10 Minuten gehen lassen. In einer Schüssel Mehl mit einer Prise Salz und Rosinen mischen. In die Mitte eine Mulde drücken und Hefemischung zufügen. Restliche lauwarme Milch zugießen und zu einem zähflüssigen Pfannkuchenteig rühren. Die Schüssel zudecken und den Teig mindestens 1 Stunde gehen lassen. In einer beschichteten Pfanne portionsweise Butterschmalz auf mittlerer Temperatur auslassen. Für die Struwen jeweils einen gut gehäuften Esslöffel Teig in die Pfanne setzen und mit einem zweiten Esslöffel abstreichen. Es passen ca. 3-4 Struwen in eine Pfanne. Struwen zu ca. 8 cm großen Teigstücken ausstreichen. Temperatur evtl. etwas niedriger schalten. Die Struwen sind etwas dicker und würden sonst außen schon braun werden, während sie in der Mitte noch nicht gar sind. Struwen möglichst heiß servieren. Wer mag, bestreut sie noch mit Zucker und Zimt, oder Puderzucker.

Pellkartoffeln
Mit Käse-Gemüs-Quark

   200 g Schafskäse
   250 g Quark
   150 g Joghurt
   300 g gemischtes Gemüse (Möhren, Paprika, Frühlingszwiebeln, Gurke, o.ä.)
      2 Knoblauchzehen, gepresst
1 Bund Basilikum, gehackt
     ✔ Salz & Pfeffer
   1 kg Kartoffeln, festkochend

Den Schafskäse zerkrümeln und in einer Schüssel fein zerdrücken. Den Quark verrühren und mit dem Schafskäse mischen. Das Gemüse in kleine Würfel bzw. feine Streifen schneiden und in die Quarkmasse geben. Die Knoblauchzehen und das Basilikum unterrühren und alles mit Pfeffer und Salz abschmecken. Kartoffeln kochen und pellen.

Variation: Statt Schafskäse kann Roquefort o.ä. verwendet werden.

Champignon-Pfanne

Sehr schmackhaft für 6 Personen

  2 Zwiebeln
1,2 kg Champignons
 1 Bd Schnittlauch
250 g Kirschtomaten
 2 EL Kräuterbutter
  ✔ Salz & Pfeffer
150 g Crème fraîche
  ✔ Petersilie

Die Zwiebeln schälen und fein würfeln. Die Champignons putzen und je nach Größe halbieren. Den Schnittlauch waschen und in kleine Röllchen schneiden.
Die Kirschtomaten waschen und halbieren.

Die Kräuterbutter in einer großen Pfanne erhitzen, Zwiebelwürfel hinzufügen und glasig dünsten.
Die Champignons hinzugeben und ca. 8 Minuten unter gelegentlichem Wenden braten. Die Tomaten nach und nach hinzufügen und ca. 5 Minuten braten. Mit Salz und Pfeffer kräftig abschmecken.

Die Champignon-Pfanne portionsweise mit Crème fraîche und Schnittlauch anrichten, nach Belieben mit Petersilie bestreuen und servieren.

Curryfisch
Würzig exotisch

- **600 g** Fischfilet
- **1/2** Zitrone, auspressen
- ✔ Salz
- ✔ Mehl
- **3 EL** Öl
- **150 g** durchwachsenen Speck
- **1** große Zwiebel
- **2-3** Äpfel
- ✔ Sahne
- **1 1/2 EL** Curry
- **1/2 l** Fleischbrühe
- **2 EL** Rosinen
- **2 EL** Mandeln, geröstet

Fisch waschen, abtrocknen, in Würfel schneiden, mit Zitronensaft beträufeln und salzen. Soße: Den Speck würfeln, die Zwiebeln schälen, Äpfel schälen und würfeln. Den Speck auslassen, die Zwiebel glasig werden lassen. die gewürfelten Äpfel dazugeben, mit Curry bestreuen, kurz anschmoren, mit Mehl bestäuben und mit Brühe auffüllen. Die Soße kräftig durchkochen lassen, die Rosinen dazugeben und die Soße mit Salz, Zucker, eventuell Curry und Sahne abschmecken. Den Fisch in Mehl umdrehen und in heißem Öl goldbraun braten, in die heiße Soße geben, 2-3 Minuten durchziehen lassen. Mit blättrig geschnittenen gerösteten Mandeln garniert servieren.
Tipp: Dazu schmeckt Reis und Sahnesalat.

Eiersalat
Mit oder ohne Schinken

- **1 Be** Crème fraîche
- **1 EL** Mayonnaise
- **1 EL** Zitronensaft
- **1 TL** Salz
- **1 TL** Senf
- **2 Spritzer** Tabasco
- **1 EL** Weinbrand (evtl. weglassen)
- **2 Bund** Radieschen
- **1 Ds** Chanpignons (Einwaage ca. 150 g)
- **150 g** gekochter Schinken
- **6** Eier, hartgekocht
- **1 Kästchen** Kresse

Geschmackszutaten verrühren und abschmecken. Radieschen in Scheiben schneiden, in die Salatsoße geben. Blättrig geschnittene Champignons, Schinkenwürfel und Eier vorsichtig unterheben, abschmecken, mit Kresse garnieren.

Schafskäse-Kidneybohnensalat
Einfach und schnell

- **2 Ds** Kidneybohnen
- **500 g** Fetakäse
- ✔ Salz & Pfeffer
- ✔ Knoblauch

Bohnen abtropfen, Feta würfeln, vorsichtig mit den Bohnen vermengen, abschmecken.

Das Osterfest

Ostern ist der Angelpunkt zwischen dem Leben Jesu und den Lebenswegen derer, die nach ihm kamen. Es ist der Angelpunkt zwischen den Berichten über sein Wirken und seinen Tod und unseren Lebensgeschichten.
Jesus ging nach Jerusalem. Er wanderte auf Pessah zu – zusammen mit seinen Jüngern. Ein gemeinsamer Weg, der von dem Bedürfnis nach Gemeinschaft und von Trennung geprägt war. Von dem Wunsch des Petrus, sich zu ihm zu bekennen – was Jesus verbot (Mk 8,29 f). Später dann das Bedürfnis Jesu, von den Jüngern nicht allein gelassen zu werden – wozu die Jünger nicht mehr in der Lage waren (Mk 14,34).

Wir kommen von Ostern her. Aus der Erfahrung der ersten Christen, der Erfahrung des Foltertodes des Menschen, dem sie hatten nachfolgen wollen. Unsere

Erfahrung von Sinnlosigkeit, von Gewalt und Ungerechtigkeit ist der ihren nicht unähnlich. Sie wollen den Beweis, dass das alles doch Sinn hat – dass Gott der Grund des Geschehenen ist. Sie finden ihn schließlich im gemeinsamen Mahl (Lk 24,31). Vor dem Tod Jesu das Pessah-Mahl, danach das Oster-Mahl.
Sie begannen, ihre Erfahrung der Sinnlosigkeit neu zu deuten: Auch in der Erfahrung größter Sinnlosigkeit verbirgt sich der Sinn Gottes. Wenn wir heute Ostern feiern und das Brot miteinander brechen, so versichern wir einander dieser uns geschenkten Zukunft – verborgen in den Erfahrungen von Krieg, Unterdrückung, Krankheit und Leere.

Matthias Otto, Hannover

Ostern

Osterhasen-Brötchen
Rosinenbrötchen in Hasenform sorgen schon am Frühstückstisch für Osterstimmung

250 g	Mehl
1/2 Pg	Trockenhefe
25 g	Zucker
1 Pg	Vanillinzucker
✔	Salz
50 g	Butter
100 ml	Milch
1	Ei
1	Eigelb
50 g	Rosinen
24	Rosinen
16	ganze Mandeln mit Haut
1 EL	Sahne
30 g	Puderzucker
1 TL	Puderzucker
1 TL	Zitronensaft

Mehl, Hefe, Zucker, Vanillinzucker und Salz in einer Schüssel mischen.
Butter schmelzen, Milch zufügen und erwärmen. Mit 1 Ei zum Mehlgemisch geben und zu einem glatten Teig verarbeiten. 50 g Rosinen unterarbeiten. Zugedeckt an einem warmen Ort ca. 1 Stunde gehen lassen.

Teig nochmals durchkneten und zu einer Rolle (ca. 30 cm lang) formen. Diese in ca. 10 Scheiben (ca. 2,5 cm breit) schneiden. Aus 8 Scheiben Kugeln formen und auf ein mit Backpapier ausgelegtes Backblech setzen. Aus dem restlichen Teig 16 Ohren formen. Jeweils 2 Ohren an die Teigkugeln drücken. Jeweils 1 Mandel in die Ohren drücken. 24 Rosinen als Augen und Nase in die Teigkugeln drücken. Nochmals 30 Minuten gehen lassen. Eigelb und Sahne glattrühren. Hasen damit bestreichen.

Häschen im vorgeheizten Backofen bei 175 Grad ca 12 bis 15 Minuten backen. Auskühlen lassen.

30 g Puderzucker und Zitronensaft verrühren und in einen Gefrierbeutel füllen. Eine kleine Ecke abschneiden und die Osterhasen damit verzieren. Mit 1 TL Puderzucker bestäuben.

Eibutter
Das Original aus Wilsbach

8	Eier, hartgekocht
1-2 TL	Senf
250 g	Margarine
✔	Schnittlauch nach Belieben
✔	Salz

Eier klein schneiden, mit Senf, Margarine und Schnittlauch verrühren und mit Salz abschmecken.

Hefezopf
Das gab es schon bei Großmutter

- **500 ml** Milch
- **1 kg** Mehl
- **2 Pg** Hefe
- **100 g** Zucker
- **1 TL** Salz
- **2 TL** Zimt
- **2 EL** Schmalz
- **2 EL** Butter
- ✔ Öl
- ✔ Mandelblättchen

Hefe in der handwarmen Milch auflösen, alle anderen Zutaten in eine Schüssel geben. Langsam die Milch hinzufügen und den Teig kneten, bis er formbar geworden ist. Die Masse dritteln und zu drei langen Strängen rollen. Diese auf einem eingefetteten Blech zu einem Zopf flechten. Das Blech danach sofort bei 50°C 30 Minuten im Backofen stehen lassen. Dann noch 20 Minuten bei 225°C weiterbacken und den fertigen Zopf mit Zuckerguss und Mandelblättchen versehen.

Gefüllte Mandelstangen
Man gönnt sich ja sonst nichts

200 g	Mehl
1 TL	Backpulver
100 g	Zucker
1 Pg	Vanillinzucker
1	Eigelb
1/2	Eiweiß
100 g	Margarine

Alle Zutaten zu einem Knetteig verarbeiten, evtl. kalt stellen.

1/2	Eiweiß
75 g	Spaltmandeln

Teig dünn ausrollen, mit einem Teigrädchen in Streifen schneiden (gut 1 1/2 x 6 cm). Streifen mit Eiweiß bestreichen, mit den Spaltmandeln bestreuen und auf ein gefettetes Backblech legen.

Backzeit: 10 Minuten bei 170°C bis 200°C Umluft (Backofen vorheizen)

✔ Aprikosen-Konfitüre
✔ Kuvertüre

Die Hälfte der Stangen mit Aprikosen-Konfitüre bestreichen und mit den übrigen Stangen bedecken. Stangen mit den Enden in aufgelöste Kuvertüre tauchen.

Möhrentorte
Hatt du Möhrchen?

250 g	kleine Möhren
100 g	Mehl
300 g	Mandeln, gemahlen
6	Eigelb
6	Eiweiß
✔	Salz
✔	Zitronenschale, abgerieben
100 g	Zucker
150 g	Zucker
✔	Butter
✔	Paniermehl
150 g	Aprikosen-Konfitüre
100 g	Puderzucker
✔	Zitronensaft
50 g	Mandelblättchen
✔	Marzipanmöhren

Möhren schälen, fein reiben, mit Mehl und Mandeln mischen. Eigelb, Zitronenschale und 100 g Zucker zu feinem Schaum schlagen. Die Form einfetten, mit Paniermehl ausstreuen. Eiweiß und Salz zu Schnee schlagen. 150 g Zucker einrieseln lassen, festen Schnee schlagen. Eigelbcreme und Mehlmischung zufügen und darunter ziehen. Teig in die Form geben und glätten. Auf die Mitte in den heißen Ofen schieben und backen. Abkühlen lassen.
Die Möhren auf der fertigen Torte dekorieren.

Torte mit heißer Marmelade bestreichen, mit Glasur aus Puderzucker und Zitronensaft bedecken. Angeröstete Mandeln an den Rand drücken.
Evtl. mit Marzipanmöhren verzieren.

Backzeit: 60 Minuten bei 175°C Umluft (Gas Stufe 3)

Schmandschnitzel
Zart und würzig

- 4 Schnitzel aus der Nuss
- ✔ Salz & Pfeffer
- **2 Be** Schmand
- ✔ Knoblauchsalz
- **4 Scheiben** Gouda

Schnitzel mit Pfeffer und Salz würzen, in eine gefettete Auflaufform geben und bei 200°C 50 Minuten backen. Schmand mit Pfeffer, Salz und Knoblauchsalz abschmecken und über die Schnitzel geben. Bei 200°C 10 Minuten backen. Den Käse auf die Schnitzel legen und kurz überbacken, bis der Käse schmilzt.

Tipp: Dazu Salat und Weißbrot.

Rahmschnitzel vom Blech
Für 12 nette Gäste

- **12** Schweineschnitzel
- **250 g** Speck, würfeln
- **3** Zwiebeln, würfeln
- **4 Stangen** Lauch
- **3 Be** Sahne
- **1 Be** Saure Sahne
- **2 Pg** Jägersoße
- **12 Scheiben** Käse (Chesterkäse)
- **500 g** Champignons, kleinschneiden
- ✔ Salz, Pfeffer, Paprika und Curry

Die Schnitzel mit Salz und Pfeffer würzen, in eine gefettete tiefe Pfanne vom Backofen legen. Darauf je eine Scheibe Chesterkäse legen. Champignons, gewürfelte Zwiebeln und den gewürfelten Speck mit etwas Pfeffer anbraten. Alles über die Schnitzel verteilen. Der Lauch (der weiße Teil) wird in Ringe geschnitten und darüber verteilt. Die Sahne mit Salz, Pfeffer, Paprika und Curry würzen. Die Jägersoße unterrühren und die kalte Soße über die Schnitzel geben.
Alles 24 Stunden ziehen lassen.

Backzeit: 90 Minuten bei 170°C Umluft

Tipp: Dazu passt Reis und Salat.

Überbackene Eier
Die mag der Klaus so gerne

8	Eier, hartgekocht
30 g	Fett
40 g	Mehl
1/4 l	Wasser
125 g	Sahne
100 g	Schinken, gekocht oder roh
✔	Salz & Pfeffer
✔	Zucker
✔	Weißwein
✔	Worcestersoße, einige Spritzer
✔	Zwiebelpulver
2 EL	Käse, gerieben
1 EL	Butter oder Margarine

Eier halbieren, aus Fett und Mehl eine Schwitze bereiten, mit Wasser und Sahne ablöschen. Schinkenwürfel und Gewürze unterrühren und pikant abschmecken. Die Hälfte der Soße in eine Auflaufform gießen. Eier darauf verteilen und mit der restlichen Soße bedecken. Käse darüber streuen und Fettflöckchen darauf verteilen. Goldbraun überbacken.

Gefüllter Fischbraten
Tolle Idee

3 Scheiben Goldbarschfilet
75 g durchwachsenen geräucherten Speck
2-3 Zwiebeln
✔ Zitronensaft
1-2 Äpfel
✔ Tomatenmark
✔ Käse, geriebenen
✔ Paniermehl
✔ Fettflöckchen

Fischfilet säubern, säuern, salzen und mit Tomatenmark bestreichen. Den gewürfelten Speck zerlassen, Zwiebelringe dazugeben, leicht anbraten. Äpfel schälen und in dünnen Scheiben zu dem Speck und den Zwiebelringen geben. In geschlossener Pfanne ca. 8 Minuten dämpfen. Jenaer Glasform einfetten, eine Scheibe Goldbarschfilet hineinlegen. Die Hälfte der Füllung auf dem Filet verteilen, darauf das 2. Goldbarschfilet legen, den Rest der Füllung darüber verteilen. Als Abschluss mit der 3. Scheibe abdecken. Mit Paniermehl und Käse bestreuen, Fettflöckchen daraufsetzen.

Backzeit: ca. 40 Minuten bei 200°C Umluft - untere Schiene (Gas-Herd 4-5 ca. 40 Minuten)

Eiersalat

Wenn der Osterhase ganz viele Eier hatte...

- **6-8** Eier, hartgekocht
- **250 g** Kartoffeln, gekocht
- **3** Gewürzgurken
- **1 Ds** Spargelabschnitte
- **125 g** gekochten Schinken
- ✔ Senf
- ✔ Petersilie
- ✔ Salz & Pfeffer
- ✔ Essig & Öl

In kleine Stücke schneiden und die Zutaten vermischen.

Soleier

Klassiker

- **10 bis 15** Eier, hartgekocht
- **1 1/2 l** Wasser
- **5 EL** Salz
- **1 TL** Kümmel
- ✔ Senf
- ✔ Pfeffer
- ✔ Essig & Öl (oder Mayonnaise)

Schalen der abgekühlten Eier rundherum anklopfen. Wasser mit Salz und Kümmel aufkochen und erkaltet über die Eier gießen. Im abgedeckten Glas mindestens 2 Tage kühl stellen. Soleier abgetropft servieren. Schälen, halbieren und Eigelb herausheben. Gewürze je nach Geschmack in das Ei geben und Eigelb aufsetzen.

Himmelfahrt

„Über den Wolken muss die Freiheit wohl grenzenlos sein. Alle Ängste, alle Sorgen, sagt man, liegen darunter verborgen und dann, würde was hier groß und wichtig erscheint, plötzlich nichtig und klein." (Reinhard Mey)

Leicht, fast federleicht geht es einem in die Ohren: Über den Wolken – die Freiheit – grenzenlos. Aller Sorgen ledig. Himmelsphantasien, die uns Menschen seit langem umtreiben. Dem Schweren, Lastendem, Engen zu entrinnen. Aufwärts, ohne Ende, hoch, höher, am höchsten, dem Allerhöchsten entgegen, wahrhaft grandios: göttlich groß. Eine Himmelfahrt. Doch Vorsicht ist geboten. Die Schwerkraft der Erde holt uns immer wieder ein. Die Fluchtversuche in die Himmelhöhen enden mehr oder weniger schmerzhaft auf dem Boden der Tatsachen. Sie bleiben lediglich Ausflüge.
Von einer anderen Himmelfahrt erzählt uns Lukas am Beginn seiner Apostelgeschichte. "Da wurde er vor ihren Augen aufgehoben und eine Wolke nahm ihn auf, dass er vor ihren Augen verschwand" (Apg, 1,9). Aus den Augen – aus dem Sinn? Damit die Jünger einsam und verwaist zurückbleiben? So wurde es oft gelesen: Himmelfahrt als Ausflucht in das erwünschte Jenseits, in eine fromme „Hinterwelt". Und auf der Erde bleibt alles beim Alten.
Wer so urteilt, verkennt den Zweck der Himmelfahrt Jesu. Denn Jesus entzieht sich, um wieder zu kommen, um – im Bild gesprochen – seine erneute Landung vorzubereiten.

Himmelfahrt weist auf Pfingsten hin, die neue Einwohnung des Himmels auf der Erde: „Ihr werdet die Kraft empfangen, wenn der heilige Geist über euch kommt, dass ihr meine Zeugen seid ... bis an die Enden der Erde" (Apg 1,8). Von oben kommend will er sich neu bei uns unten einmischen und seinen Himmel mitten unter uns erden. „Mir ist gegeben alle Gewalt im Himmel und auf Erden...Siehe, ich bin bei euch" (Mt 28,18). Damit auf dieser Erde nicht alles beim Alten bleibt, weder bei uns, noch an irgendeinem anderen Ort auf diesem blauen Planeten. Darum ist der Himmelfahrtstag wie das Pfingstfest ein besonderer Festtag für die weltweite Kirche. Der Gekreuzigte und Auferstandene hat Teil an der himmlischen Macht Gottes, um das gesamte Antlitz der Erde zu erneuern. Hoffnung für die ganze Welt.

Christi Erhöhung in den Himmel meint also einen Ort unterschiedloser Nähe zu jedem Standpunkt auf Erden, ob in Jerusalem oder Hermannsburg oder an Ihrem Wohnort. Mir gleich nahe wie meinem Nachbarn jenseits des umstrittenen Gartenzaunes und dem Menschen auf der entgegengesetzten Seite des Globus. Dahin geht die Reise. Himmelfahrt zielt auf die neue, geistvolle Landung des Himmels auf der Erde: „Gaff nicht in den Himmel – hier unten hast du ihn." (Martin Luther). In Hermannsburg wie in Sibirien, Malawi, Indien oder Brasilien.

Phillipp Elhaus, Hermannsburg

Himmelfahrt

Pizza "Vatertag"
Geschmackssache für 3 Portionen

- ✔ Pizzateig
- ✔ Tomatensoße
- 2 Paprikaschoten
- 1 Gemüsezwiebel
- 6 Matjesfilets
- 150 g Emmentaler, gerieben

Pizzateig zubereiten oder fertig kaufen. Teigfladen mit Soße bestreichen. Paprika putzen, in Streifen schneiden und auf Fladen legen. Selbiges mit der Zwiebel tun. Matjesfilets drauflegen.
Teigfladen so mit Käse bestreuen, dass man den Fisch nicht sieht!
Pizza (je nach Teigrezept oder Packungsbeschriftung) im Ofen backen.
Dazu vielleicht einen Aquavit.

Hackbraten in der Auflaufform
So lecker kann Hackfleisch schmecken

- 1 kg Hackfleisch

Hackfleisch zu einem flachen Kloß formen, mit ca. 10 Scheiben Dörrfleisch umwickeln und in eine Auflaufform geben.

1 Be Sahne
   1 Be Schmand
1 Tasse Wasser
   1 Pg Tomatensoße
   1 Fl Zigeunersoße (kleine Kraftflasche)

Alles verrühren und über das Hackfleisch gießen.

Backzeit: 60 Min. bei 180°C Umluft - Auflaufform zudecken

Kartoffelsalat
Endlich mal ein Salat ohne Majo

600 g Pellkartoffeln
   garen, pellen, in Scheiben schneiden.

2 Pg Salatfix
1/8 l Wasser
2 EL Öl
   verrühren und über die warmen Kartoffeln gießen.

250 g Champignons
1 Bd Radieschen
   putzen, waschen, in feine Scheiben schneiden und zu dem Salat geben.

1 Bund Frühlingszwiebeln
   in feine Ringe schneiden, unterheben und abschmecken.

Nudelsalat
Super lecker für ein Picknick

> **500 g** Nudeln (Spiralen)
> **2-3** Tomaten, klein schneiden
> **1** Salatgurke, raspeln
> ✔ Gouda, raspeln
> **1/2** Fleischwurst, klein schneiden
> ✔ Essig & Öl
> ✔ Salz & Pfeffer
> **1 Btl** Salatgewürz

Nudeln kochen und auskühlen lassen. Tomaten, Salatgurke, Gouda und Fleischwurst über die Nudeln geben und durchmengen. Aus Essig, Öl, Salz, Pfeffer und Salatgewürz eine Marinade herstellen, über den Salat gießen und nochmals gut durchmengen.

Hau Ruck Salat
Einfach, schnell und lecker

> **1** große Stange Porree
> **1** Geflügelwurst
> **2 Ds** Kidney Bohnen
> **3-4 Tüten** Knorr Salatkrönung

Alles scheiden, Bohnen waschen, Kräutertüten darüber streuen und miteinander vermengen.

Brokkoli-Kasseler-Auflauf
So lässt man sich gerne verwöhnen

- **350 g** Kasseler vom Kamm
- **500 g** Brokkoli, tiefgekühlt
- ✔ Salz & Pfeffer
- **250 g** Bandnudeln
- **1 EL** Öl
- **125 g** Käse, gerieben
- **30 g** Butter
- **30 g** Mehl
- **375 ml** Gemüsebrühe
- **125 g** Sahne

Brokkoli in kochendem Salzwasser ca. 10 Minuten garen. Nudeln etwa 8 Minuten kochen. Kasseler würfeln und in heißem Öl anbraten. Brokkoli und Nudeln abtropfen lassen. Fett schmelzen und Mehl unterrühren. Mit Brühe und Sahne ablöschen, aufkochen lassen und mit Salz und Pfeffer abschmecken. Die Hälfte des Käse unterrühren. Brokkoli, Nudeln und Kasseler mischen, in eine Auflaufform geben und die Soße darüber geben. Mit dem restlichen Käse bestreuen.

Backzeit: 25 bis 30 Minuten im vorgeheizten Backofen bei 200 °C Umluft

Löwenzahnsalat mit Speck
Löwenzahn mögen nicht nur Kaninchen oder?

- **500 g** Löwenzahnsalat
- **100 g** mageren, geräucherten Speck
- **2 EL** Essig
- ✔ Salz & Pfeffer
- **1** kleine Zwiebel
- **1** Knoblauchzehe

Den Löwenzahn gut putzen, mehrmals in frischem Wasser waschen, abtropfen lassen und in eine Salatschüssel geben. Salz, Pfeffer und je nach Geschmack, Zwiebel und Knoblauch gehackt hinzufügen. Den Speck in kleine Würfel schneiden, in einer Pfanne zergehen und leicht rösten lassen. Den Inhalt der Pfanne in die Salatschüssel geben.
Sogleich den Essig in die heiße Pfanne gießen und über den Löwenzahn schütten. Vor dem Auftragen das Ganze vermischen.

Fleischtorte der Vogesentäler "Turt"
So schmeckts bei Muttern

- **1 kg** gehacktes Schweinefleisch (Hals)
- **2** Eier
- **1** in Milch eingeweichtes Semmelbrötchen
- **2** Zwiebeln
- **75 g** Butter

2 Knoblauchzehen
✔ Salz & Pfeffer
✔ Muskatnuss
✔ Nelkenpulver
✔ Petersilie, gehackt
750 g Blätterteig.

Das Semmelbrötchen am Vortag einweichen, mit der Gabel zerdrücken; die Zwiebel in Butter anschwitzen lassen; unter das Hackfleisch mischen, mit dem ganzen Ei, dem Semmelbrötchen, der gehackten Petersilie, dem geriebenen Knoblauch, dem Nelkenpulver und der geriebenen Muskatnuss würzen und das Ganze gut verarbeiten.
Eine dicke, irdene runde Tortenform mit einem 3mm dick ausgerollten Blätterteigstück belegen, so dass der Teigboden größer ist als die Form; mit der Füllung ziemlich hoch füllen; den Teig ringsherum stülpen, und ihn mit einem "Deckel" aus Blätterteig bedecken; mit Eigelb bestreichen und mittels 2 Gabeln verzieren.

Backzeit: Ca. 1 Stunde im ziemlich warmen Ofen Umluft

Die Fleischtorte kann als Hauptgericht, begleitet mit grünem Salat, aufgetragen werden.

Spätzle-Salat
Optimal für unterwegs

- **250 g** Spätzle
- **125 g** Jagdwurst, klein schneiden
- **1** Apfel, klein schneiden
- **1 Gl** Sellerie mit Saft
- **1** Rote Paprika
- **1** Grüne Paprika
- **1** Zwiebel, klein schneiden
- **1 Gl** Miracel Whip
- **1 Be** Sahne

Die Spätzle kochen und abkühlen lassen. Die beiden Paprikas waschen, entkernen, die weißen Scheidenwände entfernen und in kleine Stücke schneiden. Die restlichen Zutaten hinzufügen. Miracel Whip, Selleriesaft und Sahne miteinander verrühren und über den Salat gießen. Das Ganze über Nacht ziehen lassen.

Bierschinkensnack
Da macht die Vatertagstour doppelt Spaß

8 Scheiben Bierschinken (1 cm dick)
4 Scheiben Rauchkäse
    4 Apfelscheiben
    1 Ei
60 g Mehl
1/8 l Milch
    ✔ Salz & Pfeffer
    ✔ Paprika
2 EL Butterschmalz

Ei, Mehl, Milch und Gewürze zu einem zähflüssigen Teig verarbeiten. Eine Scheibe Bierschinken, eine Apfelscheibe und eine Käsescheibe aufeinander legen und mit einer Bierschinkenscheibe bedecken (Wurst, Apfel, Käse, Wurst). Das Ganze in dem Teig wenden. In heißem Schmalz auf beiden Seiten knusprig ausbacken.

Tipp: Dazu empfehlen wir frischen Kartoffelsalat.

Pusztagulasch
Super lecker

- **500 g** Rotbarschfilet
- **1** Zitrone, auspressen
- ✔ Salz & Pfeffer
- ✔ Paprika
- **100 g** geräucherten, durchwachsen Speck
- **2** Zwiebeln
- **2 EL** Mehl
- **1/4 l** Brühe
- **1 EL** Tomatenmark
- ✔ Kümmel
- ✔ Majoran
- **1 Ds** Champignons (Einwaage ca. 170-250 g)
- **1 Gl** Paprikastreifen (Einwaage ca. 100 g)
- **3** Tomaten

Fisch in größere Würfel schneiden, säuern, mit Pfeffer und Paprika bestreuen, ca. 10 Minuten stehen lassen. Speckwürfel leicht anbraten, Zwiebelringe darin glasig dünsten, Mehl zugeben mit der Brühe auffüllen und mit den Gewürzen pikant abschmecken. Champignons, Paprikastreifen, abgezogene, in Würfel geschnittene Tomaten, sowie Fisch in die Soße geben und ca. 10 Minuten auf kleinster Stufe gar ziehen lassen.

Karottenkuchen
Schmeckt nicht nur den Großen

3 **Tassen**	Karotten, gerieben
4	Eier
1 1/2 **Tassen**	Rohrzucker
1/2 **TL**	Kaiser Natron
1 **TL**	Vanillinzucker
2 **TL**	Backpulver
1/2 **Tasse**	Rosinen
1/2 **Tasse**	Nüsse, gehackt
1	Banane, zerdrückt
2 **Tassen**	Mehl
1 **TL**	Zimt
✔	Nelken
✔	Salz
1 **Tasse**	Öl
3 **EL**	Quark

Alle Zutaten miteinander verrühren und in eine Kuchenform geben.

Backzeit: 30 bis 40 Minuten bei 180°C Umluft

Den Kuchen anschließend mit Zuckerguss bestreichen. Unter den Zuckerguss den Quark mischen.

„Wenn du noch eine Mutter hast,
so danke Gott und sei zufrieden;
nicht allen auf dem Erdenrund
ist dieses Glück beschieden."
Friedrich Wilhelm Kaulisch

Entstehung des Muttertags
Der erste bekannte „Mothering Sunday" wurde vom engl. König Heinrich III (1216-1239) eingeführt, um der Kirche als religiöse Mutter zu gedenken. Auch die erwachsenen Kinder sollten an diesem Tag ins Elternhaus zurückkehren um der Mutter zu danken. Spätesten seit 1644 wird auch ohne kirchlichem Hintergrund vom englischen Muttertag berichtet.
Im 19. Jahrhundert wurde der Muttertag auch in Amerika als offizeller Feiertag eingeführt.
1909 wurde der Muttergedenktag in 45 Staaten eingeführt und 1914 vom Kongress zum Feiertag erklärt.
In Deutschland wurde der Muttertag 1923 zum ersten Mal offiziell gefeiert und 1933 zum Feiertag erklärt.
Heute ist der Hauptgedanke hinter dem Muttertag, einer lieben Person zu danken, deren tägliche Arbeit von uns

im Alltag viel zu schnell als selbstverständlich empfunden wird. Es ist der Gedanke der zählt und nicht der materielle Wert des Geschenkes. Liebevoll gstaltete Geschenke und Gedichte der Kleinen oder eine nette Idee berühren ein Mutterherz mehr als teure Geschenke.

„Meine Mami ist schon ziemlich alt, dreißig Jahre, einunddreißig bald.
Doch gehalten hat sie sich nicht schlecht, selbst die Haare sind noch echt."
Rolf Zuckowski

Bettina & Horst Hinken, Hermannsburg

Muttertag

Nudelauflauf
Pasta, Pasta, Pasta

500 g	Nudeln
1 kg	Porree
1 Tasse	Wasser oder Brühe
1 EL	kaltgeschlagenes Öl
3-5 Bd	Petersilie
1 Ds	Tomatenmark
1 EL	Curry
2 EL	Käse, gerieben
1 TL	Koriander
✔	Muskatblüte
✔	Pfeffer
✔	Kräutersalz
✔	Margarine

Während die Nudeln kochen (nicht zu weich), den Porree waschen und in 1 cm breite Streifen schneiden. Porree mit 1 Tasse Wasser oder Brühe und 1 EL kaltgeschlagenem Öl kochen bzw. dünsten. Kurz vor dem gar werden mit 1 TL Koriander, 1 Messerspitze Muskatblüte, Pfeffer und Kräutersalz würzen. Die Nudeln mit Tomatenmark, Curry und geriebenen Käse mischen. Eine Auflaufform mit Vitaquell ausstreichen und mit einer Schicht: Nudeln - Porree - Petersilie - Nudeln - Porree usw. füllen. Oberste Schicht = Nudeln. Darauf Margarine und etwas Käse geben.

Tipp: Am Besten schmecken Sojanudeln.

Löwenzahnsirup
Damit können auch schon junge Mädchen oder Jungen ihre Mutter erfreuen

   5 große
Hände voll Löwenzahnblüten (nur die gelben Blätter)
     1 l Wasser
   1 kg Zucker

Löwenzahnblüten gut waschen und mit 1 l Wasser aufkochen. Über Nacht stehen lassen, dann durch Leinen absieben und mit dem Zucker langsam einkochen. In saubere Gläschen abfüllen.

Curryreis
Schmeckt sehr gut zu Muttis Hühnchen

   250 g Reis
     1 l Brühe
     1 Zwiebel
     ✔ Butter
     ✔ Curry
     ✔ Salz

Butter und Zwiebeln anbraten, Reis dazugeben, mit Brühe auffüllen, Curry dazu und mit Salz abschmecken, dann 25 Minuten garen lassen.

Nudel-Schafskäse-Auflauf
Wenn wir unsere Mutter verwöhnen...

- **200 g** Vollkornnudeln
- **4** Eier
- **150 g** Hartkäse, geriebenen
- **250 g** Schafskäse, zerbröselt
- **1** Zitrone, auspressen
- **200 g** Joghurt
- **2 EL** Petersilie, gehackt
- ✔ Salz & Pfeffer
- ✔ Knoblauchzehen, gepresst

Die Nudeln in Salzwasser bissfest garen, abschrecken und gut abtropfen lassen, dann in eine gefettete, flache Auflaufform geben. Die restlichen Zutaten zu einer pikanten Masse verrühren (kann auch püriert werden) und unter die Nudeln heben.

Backzeit: 20-30 Minuten bei 180°C Umluft

Tipp: Dazu gehört unbedingt Tomatensalat mit viel glatter Petersilie, Zwiebel, Olivenöl und Zitronensaft.

Käsesahne
Immer noch am Start

- 2 Eier
- 2 1/2 EL heißes Wasser
- 100 g Zucker
- 1 Pg Vanillinzucker
- 100 g Mehl
- 1 1/2 TL Backpulver

Für den Biskuitboden die Eier trennen, Eiweiß mit 1 TL Zucker steif schlagen. Eigelb mit etwas heißem Wasser und dem Zucker cremig rühren. Eiweiß, Mehl und Backpulver auf die Eicreme geben und mit einem Schneebesen unterheben.

Backzeit: 20 Minuten bei 175°C - Ober-/Unterhitze

- 3 Pg Sahnequark
- 1 Be Schlagsahne, steif schlagen
- 200 g Zucker
- 2-3 Zitronen, auspressen
- 10 Blatt Gelatine, einweichen und auflösen
- 2 Ds Mandarinen
  (16 Stückchen zum Verzieren zurücklegen)

Quark, Zucker, Zitronensaft und Mandarinen gut miteinander verrühren. Die Sahne unterrühren. Zum Schluss die aufgelöste Gelatine unterrühren.

Tipp: Etwas von der Quarkcreme in die aufgelöste Gelatine geben und gut verrühren, dann die Gelatine zur Quarkmasse gießen und nochmals gut miteinander verrühren, so klumpt die Gelatine nicht.

Nudelauflauf mit Räucherfisch
Eine leckere Verbindung

- **200 g** Nudeln
- ✔ Salzwasser
- **250 g** Räucherfisch (Goldbarsch)
- **1/4 l** Milch
- **3** Eier
- ✔ Salz
- ✔ Muskat
- ✔ Semmelbrösel
- ✔ Fettflöckchen

Die Nudeln in kochendes Salzwasser geben und ca. 10 Minuten gar ziehen lassen. Mit kaltem Wasser überspülen, damit die Nudeln nicht aneinander kleben. Den Räucherfisch entgräten und in Flocken teilen. Die Räucherfischflocken unter die Nudeln mischen und alles zusammen in eine Jenaer Glasform füllen. Die Milch mit den Eiern und Gewürzen verquirlen und über die Nudeln gießen. Mit geriebene Semmelbröseln bestreuen und Fettflöckchen darauf setzen.

Backzeit: 35-40 Minuten bei 200°C Ober-/Unterhitze auf der unteren Schiene - bei Gas-Herd Stufe 4-5

Französische Porretorte
So verwöhnt man seine Mutter gerne

- **250 g** Mehl
- **1/2 TL** Salz
- **150 g** Butter oder Margarine
- **4 EL** Wasser
- ✔ Fett für die Form
- **1 kg** Porree, in Ringe schneiden
- ✔ Pfeffer
- **250 g** gekochter Schinken
- **1 Be** Sahne (250 g)
- **3** Eier

Mehl, Salz, 125 g Fett und 4 EL Wasser verkneten und ausrollen. Springform (26 cm Durchmesser) einfetten, Teig ausrollen und hineinlegen. Den Rand etwas hochziehen und kalt stellen. Den geputzten, in Ringe geschnittenen Porree im restlichen Fett 7 Minuten dünsten. Salz, Pfeffer und Schinkenwürfel untermischen. Abgekühlt auf dem Teig verteilen. Sahne und Eier verquirlen, salzen und über das Gemüse gießen.
In den kalten Ofen schieben.

Backzeit: 45 Minuten bei 200°C (Stufe 3) Umluft

Chinakohl-Salat
Erfrischend an warmen Muttertagen

- **1-2** Zitronen, auspressen
- **2-3 EL** Zucker
- **500 g** Chinakohl

Zitronensaft und Zucker gut verrühren. Chinakohl in feine Streifen schneiden, waschen und abtropfen lassen. Den Chinakohl in die Marinade geben, umrühren und servieren.

Preiselbeerschaum
Kann zu vielen Festen als Nachtisch serviert werden

- **1 Ds** 7,5 %ige Milch (Einwaage 170 g)
- **1 EL** Zucker
- **1 Gl** Preiselbeeren (ca. 200 g)
- **2 Blatt** weiße Gelatine
- **2 EL** Wasser

Die gekühlte Milch schaumig schlagen, dann Zucker und Preiselbeeren unter Schlagen dazugeben. Zum Schluss die eingeweichte, aufgelöste Gelatine unterrühren (Beachte, dass die Gelatine nicht zum Kochen kommen darf!). In Gläser oder Schalen füllen und im Kühlschrank steif werden lassen. Nach 15 Minuten servierfertig.

Nougatquark
Schlemmen macht Spaß

    2 EL Nougatcreme (Nutella)
    ✔ Kakao
    ✔ Pulverkaffee
  250 g Magerquark
    1 Be Sahne
    ✔ Mokkabohnen

Den Quark mit der Sahne glattrühren, dann den Pulverkaffee, Kakao und etwa 2 EL Nougatcreme dazugeben und kräftig glattrühren. Zum Garnieren Mokkabohnen.

Endiviensalat
Schmeckt nicht nur zum Muttertag

  1 Kopf Endiviensalat
    1 Be Joghurt
    1 EL Meerrettich, gerieben
    1 TL Zitronensaft
    ✔ Salz
    ✔ weißen Pfeffer
    ✔ Zucker
    ✔ Petersilie, fein gehackt

Den Salat gründlich waschen, in Scheiben schneiden und in eine Schüssel geben. Den Joghurt mit dem Meerrettich, Zitronensaft, Salz, Pfeffer, Zucker und der fein gehackten Petersilie verrühren und über den Salat gießen. Gut untermischen und sofort servieren.

Linzer Marillencreme
Der optimale Nachtisch

150 g	Aprikosen, getrocknet
1/2 l	Wasser
100-125 g	Zucker
1	Zitrone, auspressen
12 Blatt	Gelatine
1/4 l	Sahne, steif schlagen
2-3 EL	Marillengeist
50 g	Pistazien, gehackt

Die getrockneten Aprikosen einweichen und in dem Einweichwasser zum Kochen bringen. Den Zucker dazu geben und weich dünsten. Danach die Aprikosen durch ein Sieb streichen und Zitronensaft und die aufgelöste Gelatine darunter rühren. Sobald die Speise anfängt zu gelieren, 3/4 der Sahne darunter heben. Die Creme mit dem Marillengeist abschmecken, in Kompottschüsseln füllen und kalt stellen. Vor dem Anrichten die Creme mit der restlichen Sahne garnieren und den gehackten Pistazien verzieren.

Champignon-Pasteten
Immer lecker

     4 Blätterteigpasteten
500 g Champignons
     1 Zwiebel
     ✔ Margarine
     ✔ Mehl
1/2 Be Saure Sahne
1/2 Be Sahne
     1 Eigelb
     ✔ Salz & Pfeffer
     ✔ Zitronensaft
     ✔ Schnittlauch oder Petersilie
     ✔ Wasser

Zwiebel pellen und würfeln. Champignons putzen, waschen und blättrig schneiden. Die Margarine in der Pfanne erhitzen, Zwiebeln glasig werden lassen, die Champignons dazugeben, mit Salz, Pfeffer und Zitronensaft würzen. Etwas Wasser dazugeben. Jetzt die Champignons mit Mehl andicken und das Ganze mit dem Eigelb und der Sahne verquirlen, legieren. Die Blätterteigpasteten bei 200°C im Backofen heiß werden lassen, die Champignonmasse ganz heiß in die heißen Pasteten füllen, mit Schnittlauch bestreuen. Sofort heiß mit einer Zitronenecke servieren.

Das Huhn und Pfingsten

Sipho trottet genervt aber gehorsam aus der Hütte seines Vaters. Ein Huhn soll er fangen - es wird Besuch erwartet. Hätte man ihm das nicht heute morgen sagen können, als die Hühner noch im Stall hockten, den er selber gebaut hatte aus Ästen und Draht? Jetzt darf er sie im Busch suchen...
Hühner – diese Universalbürger unseres Erdenballs sind auch kulinarisch weltweit vertreten: Ob in Hähnchenbuden vorm Edeka, beim Chicken-Curry in Indien, in einer Doro Wot aus Äthiopien, der Ají de gallina in Peru oder eben dem Inkuku ethosiwe im Zululand/Südafrika, für das Sipho nun – widerwillig - in den Busch auf Hühnerjagd muss. Und da ein Gast erwartete wird, werden diesmal nicht der Hühnerkopf, die Innereien oder Krallen, sondern das schöne Fleisch von Schenkel und Brust zubereitet. Dem UMfundisi (Pastor), der zuhause selber eine Hühnerschar hält, läuft bei der Fahrt ins Dorf schon das Wasser im Mund zusammen. Er kennt die Kochkünste von Siphos Mutter und nach einem guten Essen ist die Planung des grossen Pfingstfestwochenendes auch viel angenehmer! Als er den Wagen nach einem Krankenbesuch nun die holprige Piste zu Siphos Familie hochquält kommt ihm schon ein guter Duft entgegen: gebratenes Huhn! Siphos Suche im

Busch war offensichtlich erfolgreich und da er selber auch was abbekommen hat, nachdem der UMfundisi und der Vater satt sind, ist er nun auch versöhnt.
Der UMfundisi denkt sich, während er geniesst, dass das Huhn irgendwie zu Pfingsten passt. Das Huhn spricht die Mägen aller Menschen an – Inder, Peruaner, Zulus, Äthiopier und die Deutschen vor Edeka. Und das Evangelium spricht die Herzen aller Menschen an. Damals am Pfingsttag in Jerusalem, als Petrus zur Menge predigte über das Wunder der Liebe Gottes zu den Menschen, die sich in Jesus neu und wunderbar zeigte, da verstanden ihn alle, trotz der unterschiedlichen Sprachen und Kulturen, aus denen sie stammten. Schon öfters haben Besuchergruppen aus Deutschland das gemeinsame Essen mit den Zulu Gemeindegliedern genossen – es gab immer Huhn. Und wenn die Verständigung sprachlich auch schwierig war, das gemeinsame genüssliche Schmatzen sagte immer mehr aus als viele kluge Worte. Weltweite Gemeinschaft der Christen – Geschenk des heiligen Geistes zu Pfingsten – und, wie sich der UMfundisi schmunzelnd denkt, unter Mithilfe des Huhns! Frohe Pfingsten!

Nicky & Joe Lüdemann, Südafrika

Pfingsten

Penne mit Hühner-Curry-Sauce
Für alle Ragout-Fans

✔ Salz
250 g Hühnerbrustfilets
2 Frühlingszwiebeln
150 g breite Bohnen
100 g Kirschtomaten
1 EL Butterschmalz
1/8 l Hühnerbrühe
1 EL Curry
1 EL Pfeffer
1 TL Kurkuma
400 g Penne
50 g Crème fraîche
1 TL Zitronensaft
1 Bd Basilikum

Reichlich Salzwasser zum Kochen bringen. Die Hühnerbrustfilets kalt abspülen, mit Küchenpapier trocken tupfen und in Würfel schneiden. Die Frühlingszwiebeln putzen, gründlich waschen und mit dem zarten Grün in feine Ringe schneiden. Die Bohnen waschen, von den Enden befreien und schräg in etwa 1 cm breite Streifen schneiden. Die Bohnen im kochenden Wasser 5 Min. blanchieren, kalt abschrecken und abtropfen lassen. Tomaten waschen und halbieren.
Das Butterschmalz in einer Pfanne erhitzen. Das Hühnerfleisch darin rundherum kräftig anbraten. Die Frühlingszwiebeln und die Bohnen mit braten. Mit der Hühnerbrühe aufgießen, mit dem Curry, Salz, Pfeffer und

Kurkuma würzen und zugedeckt bei schwacher Hitze 15 Min. schmoren lassen.
Inzwischen für die Nudeln reichlich Wasser mit 1 kräftigen Priese Salz zum Kochen bringen. Die Nudeln darin nach Packungsaufschrift bißfest kochen. Die Crème fraîche und die Tomaten unter das Hühnerragout mischen, mit Zitronensaft und eventuell noch Salz und Pfeffer würzen. Basilikum waschen, die Blättchen in Streifen schneiden.
Die Nudeln abtropfen lassen und in vogewärmte Teller geben. Mit Hühnerragout bedecken und mit Basilikum bestreut servieren.

Hähnchen- oder Putenbrust in Currysoße
Für alle, dei kein Schweinefleisch mögen

- 2 Hähnchen- oder Putenbrust
- 1 Fl Currysoße
- 1 Fl Chilisoße
- 2 Be Sahne
- 1 Ds Pfirsiche oder Ananas

Die Hähnchen- bzw. Putenbrust in kleine Scheiben schneiden und in eine Auflaufform geben.
Currysoße, Chilisoße und Sahne vermengen. Die Pfirsiche bzw. Ananas in kleine Stücke schneiden und unter die Soße heben. Das Ganze über die Hähnchen- bzw. Putenbrust gießen und 24 Stunden durchziehen lassen.

Backzeit: 30 bis 45 Minuten bei 180°C Umluft

Kaltschale mit Joghurt
Sehr erfrischend

- **300 ml** Orangensaft
- **200 ml** Wasser
- **50 g** Zucker
- **1 Pg** gelbe Kaltschale
- **150 g** Sahnejoghurt Pfirsich

Die Kaltschale nach Packungsbeilage zubereiten und mit dem Joghurt verrühren.

Putengeschnezeltes
Pute geht immer

- **500 g** Putenfilet oder -brust
- **2** große Zwiebeln
- **2** Knoblauchzehen
- **50 g** Speck, geräuchert und durchwachsen
- **20 g** Butter
- ✔ Salz & weißer Pfeffer
- **1 Pg** Balkangemüse, (300 g) tiefgefroren
- **2 Be** Crème fraîche (je 1 x Natur und Kräuter)
- **1-2 EL** Soßenbinder für helle Soßen

Putenfleisch, Zwiebeln und Speck würfeln. Speck, Zwiebeln und Fleisch anbraten, mit Salz und Pfeffer würzen. Gemüse und Knoblauch zufügen und kurz dünsten. Crème fraîche unterziehen, aufkochen, Soßenbinder einrühren und nochmals aufkochen, eventuell nachwürzen.

Dazu schmeckt am besten Reis und frischer Salat.

Kaltschale mit Vanilleeis
Eine leckere Erfrischung

- 375 ml Wasser
- 125 ml Weißwein
- 40 g Zucker
- 1 Pg rote Kaltschale
- ✔ Vanilleeis

Die Kaltschale nach Packungsangabe zubereiten. In Gläser füllen und 1 Kugel Vanilleeis hineingeben.

Tarator
Gurkensuppe für warme Tage

- 1 Salatgurke
- 4 Be Joghurt
- 1 Pg Walnusskerne (50 g)
- ✔ Salz
- 1 Bd Dill
- 1 Knoblauchzehe
- 1/2 EL Öl

Die Gurke schälen, halbieren, entkernen, in kleine Würfel schneiden, mit etwas Salz bestreuen und mischen. Etwa 30 Minuten ziehen lassen. Gut abtropfen lassen. Die Walnusskerne fein hacken, ebenso den Knoblauch. Den Dill fein schneiden. Den Joghurt verrühren und alle Zutaten abschmecken. Unter ständigem Rühren 1/2 EL Öl tropfenweise einarbeiten. Die fertige Suppe garnieren und einige Stunden kaltstellen.

Marinierter Schweinebraten
Dieses Gericht braucht eine längere Vorbereitungszeit

- **1 kg** Schweinebraten aus der Keule
- **125 ml** Sherry
- **2** Knoblauchzehen
- ✔ Oregano
- ✔ Pfefferkörner
- **1 kg** Zwiebeln
- **1 Bd** Suppengemüse
- ✔ Salz & Pfeffer
- **2 EL** Öl
- **500 ml** Fleischbrühe
- **4 EL** Aprikosenkonfitüre
- **1 TL** Senf
- **1 EL** Weinbrand
- **2 EL** Crème fraîche
- **2 EL** Frischkäse mit Kräutern
- **2 EL** Soßenbinder

Schweinebraten waschen und mit Küchenpapier trocken tupfen. Sherry in eine Schüssel geben. Die Knoblauchzehen abziehen und durch eine Knoblauchpresse dazudrücken. Oregano und Pfefferkörner zufügen. Fleisch in die Marinade legen, mit Klarsichtfolie abdecken und im Kühlschrank ca. 1 Stunde durchziehen lassen. Das Fleisch zwischendurch einmal wenden.

Zwiebeln abziehen und vierteln. Suppengemüse putzen, waschen und in Stücke schneiden. Schweinebraten aus der Marinade nehmen und trocken tupfen. Fleisch von allen Seiten kräftig salzen und pfeffern. Backofen auf

200 °C vorheizen. Öl in einem Bräter erhitzen. Fleisch hineingeben und von jeder Seite ca. 5 Minuten kräftig anbraten. Suppengemüse und Zwiebeln zum Schweinebraten geben. Marinade angießen und alles ca. 1 1/2 Stunden im Backofen braten. Zwischendurch 3/8 l heiße Brühe angießen und den Braten öfters mit dem Fond übergießen.
Aprikosenkonfitüre, Senf und Weinbrand mit einem Schneebesen sorgfältig verrühren. Den Braten damit bepinseln und weitere 15 Minuten braten. So bekommt er eine schöne Kruste. Dann den Schweinebraten herausnehmen, auf eine Fleischplatte legen und warm stellen. Bratenfond durch ein Sieb in einen kleinen Topf gießen (Suppengemüse und Zwiebeln entfernen). Restliche Brühe zum Fond gießen. Crème fraîche dazugeben und aufkochen. Kräuter-Frischkäse in die Sauce rühren, binden. Sauce nach Belieben mit Salz und Pfeffer abschmecken.

Tipp: Dazu empfehlen wir gedünsteten Wirsingkohl mit Speck und Butterkartoffeln.

Sommersalat
Wann wird`s mal wieder richtig Sommer???

- **100 g** Möhren
- **1-2** Kohlrabi
- **1** Saure Gurke
- **1/4** Salatgurke
- **2-3** Tomaten
- **1 Bd** Radieschen

Dressing:

- **1/8 l** Joghurt
- **1** Zwiebel, gehackt
- **1 TL** Senf
- **1 EL** Kräuter, gehackt
- ✔ Essig
- ✔ Salz
- ✔ Zucker

Möhren und Kohlrabi schälen und fein raspeln. Frische Gurke grob raspeln. Die anderen Zutaten klein schneiden. Dressing zubereiten und den Salat damit abschmecken.

Spargel-Bauerntoast
Endlich gibt es wieder Spargel

600 g	frischen Spargel
2-3	grobe Bratwürste (350-300 g)
125 g	Gouda, gerieben
2	Eier, getrennt
4 Scheiben	Graubrot
✔	Butter (zum Bestreichen der Brote)
✔	Salz & Pfeffer
1 Bd	Petersilie

Den Spargel schälen, halbieren, in siedendem Salzwasser knackig garen und auf Küchenkrepp gut abtropfen lassen. Die groben Bratwürste in der Pfanne braten. Die Würste pellen und fein würfeln. Eiweiß steif schlagen, Eigelb unterziehen, mit Salz und Pfeffer würzen und den Käse zugeben. Die Graubrotscheiben toasten, mit Butter bestreichen, den Spargel darauf verteilen, Bratwurst darüber geben und mit der Ei-Käsemischung überziehen.

Backzeit: 7-10 Minuten bei 250°C Umluft - vorgeheizt

Mit gehackter Petersilie bestreuen und heiß servieren.

Schinkenkartoffeln in Folie
Ein super schnelles Gericht

        4 Pellkartoffeln
8 Scheiben gekochter Schinken (je 50 g)
    4 EL Ananasstücke
      1 Apfel
      ✔ Öl
    2 EL Rosinen
    2 EL Mandeln

Alufolie mit Öl bestreichen. Die in Scheiben geschnittenen Kartoffeln, die Schinkenscheiben, die abgetropften Ananasstücke und den in Scheiben geschnittenen, geschälten Apfel darauf legen. Rosinen und Madelblättchen darüber verteilen. Die Folie zu einem Päckchen zusammenschließen und dieses unter den vorgeheizten Grillrost legen, etwa 15 bis 20 Minuten grillen; zwischendurch wenden.

Kasseler in Tomaten-Sahne-Soße
So ein Festessen

1 kg ausgelösten Kasseler

braten und 45 Minuten im Backofen auskühlen lassen, in Scheiben schneiden und in eine Auflaufform legen.

- **1 Be** Sahne
- **1 Be** Saure Sahne
- **1 Be** Crème fraîche
- **1/2 Tube** Tomatenmark
- **1 Ds** Champignons
  - ✔ Tiefkühl-Basilikum und -Oregano
  - ✔ Salz & Pfeffer
  - ✔ Zucker
  - ✔ Gouda, gerieben

Sahne, Saure Sahne, Crème fraîche und Tomatenmark gut miteinander verrühren. Die Champignons klein schneiden und unter die Soße heben. Die Soße mit den Kräutern, Salz, Pfeffer und Zucker kräftig abschmecken. Nun das Ganze über den Kasseler-Braten gießen und über Nacht durchziehen lassen.

Den Auflauf nach Belieben mit geriebenen Gouda bestreuen.

Backzeit: 60 Minuten bei 200°C Umluft - vorgeheizt

Pikanter Hackbraten
Dem ist nichts hinzuzufügen

500 g Gehacktes
200 g Schafskäse
100 g Parmesan
✔ schwarze Oliven, ohne Stein
1 rote Paprika, in Streifen schneiden
1 gelbe Paprika, in Streifen schneiden
1 grüne Paprika, in Streifen schneiden
✔ Majoran
✔ Gartenkräuter
✔ Speck, in Scheiben

Gehacktes wie für Klopse würzen und auf einem Küchenhandtuch ausrollen. Nun mit Schafskäse, Parmesan, schwarzen Oliven ohne Stein in Scheiben geschnitten, gesäuberte Paprikastreifen, Majoran und sonstigen Kräuter nach Geschmack belegen. Aufrollen und mit durchwachsenem Speck belegen.

Backzeit: 45-60 Minuten bei 180°C Umluft

Hirtentopf
Ein Gaumenschmaus

> **1 kg** Rindergulasch
> ✔ Salz & Pfeffer
> **1 EL** Paprikagewürz
> **3 EL** Knoblauchzehen, gehackt
> 1 große Gemüsezwiebel
> **1 Ds** Bohnen (870 ml)
> **1 Ds** Erbsen (450 ml)
> 2 frische Paprika (rot und grün)
> **1 Gl** Zigeunersoße oder Letscho (870 ml)

Das Rindergulasch mit Salz, Pfeffer und dem Paprikagewürz würzen und in eine ausreichend tiefe Auflaufform schichten. Die Knoblauchzehen darauf verteilen. Die Gemüsezwiebeln in Ringe schneiden und auch darauf verteilen. Die Paprika säubern, in Streifen schneiden und zusammen mit den Bohnen und den Erbsen darüber schichten. Die Zigeunersoße oder Litscho darüber gießen und verteilen.

Backzeit: 2 Stunden bei 180°C Umluft - unterste Schiene mit Deckel

Dazu: Fladenbrot, Kräuterbutter, Tzatziki, geriebener Schafskäse oder Kartoffeln und Tzatziki.

30. Deutscher Evangelischer Kirchentag in Hannover

Erste Ideen für eine Teilnahme des Missionskochbuches am Kirchentag schossen uns schon durch den Kopf, als wir vom Veranstaltungsort "Hannover" erfuhren. Wollen wir das Missionskochbuch und die Spendenprojekte dort vorstellen?
Als dann eines der Kirchentagsplakate einen Herrn mit Spaghetti am Kochtopf zeigte, fühlten wir uns klar ermutigt.

Schnell war der Kontakt zu den Studenten des Missionsseminars geknüpft und ein gemeinsamer Stand vorbereitet.

Auf vielen Kirchentagen waren wir herzlich empfangene Gäste und so wollen wir uns nun in die Runde der Gastgeber einreihen.
Wir bieten beim Abend der Begegnung einige Köstlichkeiten aus dem neuen Missionskochbuch an und fügen die Rezepte auf den folgenden Seiten bei.

Konni & Ulli Pufal, Soltau

„Wenn dein Kind dich morgen fragt..."

30. *Deutscher Evangelischer* **Kirchentag**
25. bis 29. Mai 2005 in Hannover

Kirchentag

Bliny
Das wahrscheinlich älteste russische Gericht

Über Geschmack streitet man nicht, besonders wenn´s ums Essen geht, aber selten kann jemand einem russischem Bliny wiederstehen.

Die Herkunft dieses wahrscheinlich ältesten russischen Gerichtes hat eine Verbindung zu einem alten Volksfest "Abschied vom Winter" und "Masleniza" (Fastnachtswoche).

Der runde, gelbe und heiße Bliny ist das Symbol der Frühlingssonne, auf die man sich besonders nach dem langen und kalten Winter freut.

- **2-3** Eier
- **1 l** Milch
- **250 g** Mehl (nach Bedarf etwas mehr)
- ✔ Salz
- ✔ Backpulver
- **1 EL** Öl (z.B. Sonnenblumenöl)

Die Eier schaumig schlagen und mit 1/2 l Milch verrühren.

Mehl mit Backpulver und Salz mischen, unter ständigem Rühren (Klößchen vermeiden) in die Flüssigkeit geben.

Auf niedrigster Stufe zu einem Teig rühren, den Rest Milch dazugeben (je flüssiger der Teig, desto dünner der Bliny).

Zum Schluss das Öl hinzufügen, alles gut umrühren und in einer mit Teflon beschichteten Pfanne backen.

Die Pfanne heiß werden lassen und mit einer Kelle so viel Teig in die Pfanne geben, dass der Boden bedeckt ist. Am besten fängt man am Rand an und bewegt die Pfanne so, dass der Teig gut auseinander fließt und den ganzen Boden gleichmäßig bedeckt.

Man kann die gebackenen Blinys übereinander legen oder jeden einzeln zusammenrollen. Zu den Blinys reicht man Honig, Marmelade oder Zucker. Die Blinys kann man auch füllen, z. B. mit Quark - süß mit Rosinen oder scharf mit Schnittlauch, Hackfleisch gedünstet mit Zwiebeln oder Pilzen und auch mit Kaviar.

Bananenbrot
Aus Afrika

- **240 g** Mehl
- **125 g** Butter oder Margarine
- **250 ml** Zucker (1 Tasse)
- **4** reife Bananen, geschält und zerdrücken
- **2** Eier
- **1/2 TL** Salz
- **1 TL** Natron
- **65 ml** Wasser
- **1 1/2 TL** Backpulver

Butter und Zucker miteinander verrühren, bis die Masse leicht cremig ist. Bananenmasse hinzufügen und gut miteinander verrühren. Eier nacheinander unterrühren. Mehl sieben und mit dem Salz hinzufügen und ebenfalls gut miteinander verrühren.
Natron mit Wasser mischen und hinzufügen und verrühren. Zum Schluss das Backpulver hinzugeben und nochmals gut verrühren.

Den Teig in eine gefettete Kastenform geben.

Backzeit: 45 Minuten bei 180°C - Umluft oder 60 Minuten bei 160°C - Umluft

Das Brot in der Form auskühlen lassen, dann erst aus der Form lösen und auf einen Rost legen und vollständig auskühlen lassen.

Schokoladen-Kartoffel-Torte
Die Heidjer lassen Grüßen

- **225 g** Butter oder Margarine
- **375 g** Zucker
- **4** Eier, getrennt
- **1/8 l** Sahne oder Dosenmilch
- **200 g** gekochte Kartoffeln, grob gerieben
- **125 g** Blockschokolade, geschmolzen
- **1/4 TL** Nelken, gemahlen
- **1 TL** Zimt
- **1 TL** Vanillinzucker
- **225 g** Mehl
- **1** Zitrone (unbehandelt), abgeriebene Schale
- **2 TL** Backpulver

Einen Rührteig herstellen, Eiweiß steif schlagen und zuletzt unterziehen. Den Teig in eine gut gefettete und gebröselte Springform füllen.

Backzeit: 75 Minuten bei 175 °C Umluft

Die Torte mit heißem Johannisbeergelee bestreichen, abgetrocknet mit Schokoladenglasur überziehen und mit Belegkirschen oder Mandeln verzieren.

Diese Torte hält sich sehr lange frisch!

Haste schon gehört?

Kinderfest für die ganze Familie:
das große Fest für kleine Leute jedes Jahr im Juni
im Park des Missionsseminars Hermannsburg.
Mit fetzigen Liedern, Geschichten aus der Bibel, tollen Bastelangeboten, Buntem aus fernen Ländern, interessanten Spielen und natürlich leckeren Bäckereien.
Hier seid ihr zu Gast in Hermannsburg
und der weiten Welt:
Das Kinderfest des Missionswerks in Hermannsburg

Ev.-luth. Missionswerk in Niedersachsen (ELM)
Postfach 11 09 . 29314 Hermannsburg
Georg-Haccius-Str. 9 . 29320 Hermannsburg
Internet: www.elm-mission.net

Kinderfest

Haste schon gehört?

Kinderfest
für die ganze Familie
Das Missionswerk in Hermannsburg lädt ein:

19. Juni 2005, 14.00 Uhr
im Park des Missionsseminars

Ev.-luth. Missionswerk in Niedersachsen
Tel.: (0 50 52) 69-251
www.elm-mission.net

...weil Gottes Liebe weltweit wirkt

Stockbrot / Fladenbrot
Macht kleinen und auch großen Leuten Freude

1 kg Mehl (1/3 Vollkorn und 2/3 Typ 405)
1/4 l Öl
1 TL Salz, gehäuft

Alle Zutaten verkneten und so viel Wasser dazugeben, bis ein glatter Teig entsteht.

Stockbrot:

Eine Rolle formen und um einen glatten Stock (ohne Rinde) wickeln und über der Glut backen. Eventuell mit Marmelade füllen und/oder Rosinen in den Teig kneten (verbrennen leicht).

Fladenbrot:

Entweder kleine dünne Fladen formen und auf sehr heißen geölten Steinen backen oder im Backofen auf einem geölten Blech backen. Man kann die Fladen aber auch mit Fruchtstücken belegen und zu Taschen zusammenklappen; Ränder gut andrücken (längere Garzeit).

Zwieback-Nußkuchen
Super auch für Kindergeburtstage

- **200 g** Butter oder Margarine
- **250 g** Zucker
- **5** Eier
- **125 g** Haselnüsse, gerieben
- **16** Zwieback, gerieben
- **1/2 Pg** Backpulver

Aus allen Zutaten einen Kuchenteig herstellen und in eine Kastenform füllen.

Backzeit: 1 Stunde bei 185 °C Umluft

Den fertigen Kuchen mit Schokoladenglasur bestreichen.

Tipp: Je länger der Kuchen steht, um so saftiger wird er.

Zitronenkuchen

Dieser Zitronenkuchen hat die gute Eigenschaft, dass er auch noch am nächsten und übernächsten Tag gut schmeckt, weil er schön saftig ist.

- **500 g** Butter
- **500 g** Zucker
- **9** Eier
- **3** Zitronen, abgerieben
- **500 g** Mehl
- **100 g** Mondamin
- **1 Pg** Backpulver

Aus allen Zutaten einen Rührteig herstellen.

Backzeit: 1 Stunde bei 180°C

Den warmen Kuchen mit dem Saft von 2 Zitronen beträufeln. Aus Zitronensaft und Puderzucker einen Guß herstellen und den erkalteten Kuchen damit bestreichen.

Die angegebene Menge reicht für zwei Kastenformen oder eine Springform.

Biscuits for hungry children
Auch für hungrige Erwachsene

2 **Tassen**	Rice Crispies
2 **Tassen**	Zucker
2 **Tassen**	Mehl
2 **Tassen**	Haferflocken
2 **Tassen**	Kokosraspel
2	Eier
2 **TL**	Backpulver
2 **TL**	Kaiser Natron
2 **EL**	Erdnussbutter
250 g	Margarine
✔	Salz

Die Margarine mit dem Zucker schaumig rühren. Die Eier hinzufügen. Kaiser Natron in etwas Milch aufgelöst unterrühren. Salz und Erdnussbutter zufügen und gut verrühren. Zum Schluss alle restlichen Zutaten miteinander vermischen und alles miteinander verkneten. Nun formt man kleine Kugeln, die man dann auf dem Backblech mit einer Gabel etwas flach drückt.

Backzeit: 180°C Umluft, bis die Biscuits gut durchgebacken sind.

Amerikaner
Machen kleinen Kindern große Freude

   80 g Margarine
120 g Zucker
     2 Eier
6-8 EL Milch
    1 Pg Vanillinzucker
350 g Mehl
   2 TL Backpulver

Einen Rührteig herstellen und diesen Löffelweise auf ein gefettetes Blech geben.

Backzeit: Ca. 25 Minuten bei 200°C Umluft

Kräuterbrötchen
8-10 Stück für eine kleine Rasselbande

- **30 g** Butter
- **100 g** Kräuterfrischkäse
- **1/2 TL** Salz
- **8 EL** Milch
- **200 g** Mehl
- **3 TL** Backpulver
- **1 Bd** Schnittlauch
- **1/2 Bd** Petersilie

Einen Knetteig bereiten, kleine Brötchen formen, mit Milch bestreichen

Backzeit: 25 Minuten bei 200°C Umluft

Herzlich Willkommen zum Missionsfest am 25. Juni 2005

Das diesjährige Missionsfest des Ev.-luth. Missionswerkes in Niedersachsen am 24. - 26. Juni 2005 steht unter dem Thema „Lasst euch versöhnen".

Mit hunderten Gästen aus dem In- und Ausland soll deutlich werden, wie die Versöhnung in Christus Kreise in Alltag und Gesellschaft ziehen kann.

Dr. Paul Oestreicher, Pfarrer der Anglikanischen Kirche und ehemaliger Direktor des internationalen Versöhnungszentrums in der Stadt Coventry wird als Gastredner am Samstag erwartet. Als "Außenminister" seiner Kirche war Oestreicher unter anderem als „Botschafter der Versöhnung" unterwegs, so zum Beispiel in Südafrika, wo er nach einer Einigung im gewaltsamen Konflikt zwischen ANC und der Inkatha Freiheits-Partei suchte.

Kreative Angebote der „Länderstraße" vermitteln Eindrücke in Lebenssituationen der Menschen in den Partnerkirchen des Missionswerkes. Zahlreiche Arbeitsgruppen vertiefen das Thema und zeigen unterschiedliche Facetten christlicher Versöhnungsarbeit. Auch der Umgang mit Gewalt in Deutschland kommt dabei zur Sprache.

Nach dem festlichen Sendungsgottesdienst mit ökumenischen Gästen und Aussendungen am Nachmittag klingt das Programm ab 18.00 Uhr mit Live-Musik und Abendessen aus. Umrahmt wird der Tag mit einem Konzert am Vorabend und den Festgottesdiensten in Hermannsburger Kirchen.

Ev.-luth. Missionswerk in Niedersachsen (ELM)
Postfach 11 09 . 29314 Hermannsburg
Georg-Haccius-Str. 9 . 29320 Hermannsburg
Internet: www.elm-mission.net

Missionsfest

Butterkuchen
Auf jedem Missionsfest

   1 Tasse Zucker
     1 Be Saure Sahne
       2 Eier
2 Tassen Mehl
     1 Pg Backpulver

Aus allen Zutaten einen Kuchenteig herstellen und auf ein gefettetes Backblech geben.

Backzeit: 10 Minuten bei 175°C Umluft

Belag:

    2 EL Milch
  100 g Butter
1 Tasse Zucker
    1 Pg Vanillinzucker

Alle Zutaten in einem Topf zergehen lassen und flüssig auf den vorgebackenen Teig geben.

✔ Mandeln, gehackt

Nach Belieben gehackte Mandeln darüber streuen und nochmals backen.

Backzeit: 10 Minuten bei 175°C Umluft

Gemischter Salat
Samstag Abend Teil 1

    1 kleiner Eisbergsalat, klein schneiden
    1 Salatgurke, klein schneiden
    4 Tomaten, klein schneiden
1 Ds Kidney-Bohnen
1 Ds Mais
    2 kleine Zwiebeln, klein schneiden

Dressing:

✔ Salz & Pfeffer
✔ Zucker
✔ Essig
✔ Öl
✔ frische Kräuter

Dressing über den Salat geben und alles gut durchmengen.

Kartoffelsalat
Samstag Abend Teil 2

1 kg Pellkartoffeln

kochen, pellen und klein schneiden.

Zutaten:

2 Essiggurken, klein schneiden
4 hartgekochte Eier, klein schneiden
4 Tomaten, klein schneiden
1 Zwiebel, klein schneiden

Alles auf die Kartoffeln geben und unterrühren.

Dressing:

1/2 Gl Miracel Whip
1/2 Be Dickmilch
✔ Salz, Pfeffer, Zucker
✔ Essig oder Gurkenwasser
✔ Senf
✔ Schnittlauch nach Belieben

Miracel Whip, Dickmilch und Gewürze miteinander verrühren und über den Salat geben und miteinander verrühren. Das Ganze gut durchziehen lassen.

Nudelsalat
Samstag Abend Teil 3

200 g Nudeln (Spiralen)

kochen und erkalten lassen.

Zutaten:

1 Tasse TK-Erbsen
1 Tasse TK-Mais
2 Tomaten, klein schneiden
1 kleine Zwiebel, klein schneiden
1/2 rote Paprika, waschen und klein schneiden

Alles auf die Nudeln geben und miteinander verrühren.

Dressing:

1/2 Gl Miracel Whip
1/2 Be Dickmilch
✔ Salz, Pfeffer, Zucker
✔ Essig oder Gurkenwasser
✔ Senf
✔ Schnittlauch nach Belieben

Miracel Whip, Dickmilch und Gewürze miteinander verrühren und über den Salat geben und miteinander verrühren. Das Ganze gut durchziehen lassen.

Das Erntedankfest – von gestern und doch für morgen
„Das größte Fest wird jedes Jahr in der israelischen Hafenstadt Haifa gefeiert. Scharen von weißgekleideten Kindern mit Kränzen und grünen Zweigen in den Händen ziehen durch die Stadt. Auf den Häusern wehen bunte Fahnen und farbige Bänder. Die Landwirte der Umgebung tragen in einem festlichen Umzug Körbe mit Bergen von Obst und Gemüse in großer Auswahl zusammen, die sich ihre biblischen Vorfahren nicht hätten träumen lassen."
Dieser Text aus einem jüdischen Kochbuch über das Erntedankfest "Schawuot" weist uns als Christen zurück zu unseren Wurzeln, hier auf den Ursprung unseres Erntedankfestes. In Anlehnung an 2. Mose 23,16-21 und 5. Mose 16,9-12 opfern die Juden von je her zur Zeit der Weizenernte im Mai-Juni die Erstlinge der reifen Früchte. Und dann wird ein fröhliches Fest gefeiert, vor allem mit allen Arten von Süßspeisen, aber auch Wein und Fleisch.
Ziemlich am Schluss unserer Erntezeit, Anfang Oktober, feiern wir unseren Erntedank. Das gemeinsame Essen und auch den Umzug haben wir im Gottesdienst nicht übernommen, wenn man einmal von den Erntefesten in den Dörfern absieht. Aber das Zusammentragen der Gaben Gottes, das gibt es zum Glück noch, wie in meiner Heimatgemeinde Selsingen. Schon im Frühsommer trifft sich der Küster mit über zehn Gemeindegliedern, um abzusprechen, wer welches Getreide für die Erntekrone schneidet, bevor die Mähdrescher nichts mehr übrig lassen. Trotz dieser frühzeitigen Planung bleibt

dann aber am Tag vor dem Erntedanktag (1. Sonntag im Oktober) noch viel Raum für Überraschungen. Was wird dieses Mal zusammenkommen? Wieder ist ein Team dabei alle Früchte vor dem Altar aufzubauen und wieder ist es einfach wunderbar, wie vielfältig und „begreifbar" diese Gaben unseren Schöpfergott loben. Die Kirche am Sonntag ist mit ca. 600 Menschen fast bis auf den letzten Platz gefüllt. Wir singen: „Wir pflügen und wir streuen den Samen auf das Land, doch wachsen und gedeihen liegt in des Herren Hand." (EG 508) Und Jeder und Jede versteht diese Botschaft, was deutlich zu spüren ist: Es sind viele Kinder dabei und auch die Konfirmanden nehmen aufmerksamer teil als sonst. Der Gemeindegesang ist kräftig und ansteckend. Ich habe oft gedacht: „So stelle ich mir die Zukunft meiner Kirche vor: Eine bunte Mischung aus allen Altersstufen feiert in einer großen Gruppe zusammen eine klare und frohmachende Botschaft: Gott schenkt uns alles, was wir zum Leben brauchen und zeigt uns so seine große Liebe, wofür wir sehr dankbar sind."

Gott zu danken ist eine uralte Form auf seine Liebe zu antworten. Und wenn es uns gelingt diese Dankbarkeit mit immer neuen Inhalten zu füllen, dann werden solche „Erntedankfeste" auch in Zukunft in unseren Gemeinden ihre wichtige Rolle behalten.

Helmut Winkelmann, Heeslingen

Erntedankfest

Dämpf-Zwiebel und Pellkartoffeln
Es lebe die Kartoffelzeit

- 1 1/2 Zwiebeln
- 100 g fetten Speck oder Dörrfleisch
- 1/4 Mettwurst
- 1 Apfel
- ✔ Salz & Pfeffer

Zwiebeln in Ringe schneiden, Speck und Mettwurst würfeln. Apfel in Stücke schneiden. Alles zusammen in der Pfanne schmoren, bis die Zwiebeln weich sind, abschmecken. Dazu gibt es Pellkartoffeln.

Kartoffelpuffer
Eine Leckerei, die besonders gut mit Apfelmus schmeckt

- 10 große Kartoffeln
- 1 große Zwiebel
- 1 TL Salz
- 1 Ei
- 1 EL Paniermehl

Kartoffeln und Zwiebeln schälen und reiben. Fett in der Pfanne erhitzen und die Flamme kleiner stellen. Zu dem Kartoffel-Zwiebelteig das Salz und das Ei geben und gut verrühren. Zuletzt das Paniermehl dazugeben und noch einmal verrühren. Jetzt können Sie anfangen zu Braten.

Auberginen-Hack-Auflauf
Moussaka

- **2** Auberginen
- ✔ Salz
- ✔ Öl
- **1/2 -1 kg** Hack
- ✔ Salz & Pfeffer
- ✔ Paprika
- **1/2 l** Milch
- **1** Ei
- ✔ Muskatnuss
- ✔ Gouda

Auberginen in Scheiben schneiden und eine gute Stunde mit Salz bestreut auf Papier (Küchenrolle) liegen lassen. Dann in Öl gar und glasig braten und wieder auf Papier legen. Das Hack braten und mit Salz, Pfeffer und Paprika abschmecken. Aus einem 1/2 l Milch eine Bechamelsoße kochen. Das Ei in die Soße schlagen, mit Muskatnuss abschmecken. Jetzt werden die Auberginen, das Hack und die Soße in Lagen in eine gefettete feuerfeste Auflaufform gegeben. Zuletzt die weiße Soße. Etwas Gouda darüber streuen und braun backen.

Blumenkohlauflauf
Es geht auch ohne Fleisch

    1 großer Blumenkohl
500 g Tomaten
    2 Zwiebeln
250 g Gouda
125 g Saure Sahne oder Crème fraîche
  1 Bd Petersilie
- Butter oder Margarine
- Toastbrot
- Hefeflocken
- Kräutersalz
- Pfeffer
- Paprika

Blumenkohl im Salzwasser nicht zu gar kochen. Zwiebeln und Käse in Würfel schneiden, Tomaten in Scheiben schneiden. Toastscheiben rösten und mit Butter bestreichen. Flache Auflaufform oder Backblech mit Fett bestreichen und mit Semmelbrösel bestreuen. Darauf das Toastbrot legen und mit den Tomatenscheiben belegen. Mit Kräutersalz, Pfeffer und Paprika würzen. Die Zwiebelwürfel darüber verteilen, darauf die Käsewürfel. Die Sahne kräftig würzen mit Kräutersalz, Pfeffer, Paprika, Hefeflocken und gehackter Petersilie. Die Blumenkohlröschen darin wenden und auf die Toastscheiben legen. Den Rest der Kräutersahne und Käsewürfel über dem Blumenkohl verteilen.

Backzeit: 15 bis 20 Minuten bei 200 °C Umluft

Rhabarberkompott
Für 2 Personen

  2 Äpfel
300 g Rhabarber
  ✔ Zimt
 1/2 Vanilleschote
  ✔ Zucker oder Süßungsmittel

Den Rhabarber und die Äpfel waschen und schälen. Rhabarber in kleine Stücke schneiden, die Äpfel vierteln. Beides mit etwas Wasser und den Gewürzen kochen.

Roggenbrot
Schnell und lecker

 1 kg Roggenmehl
 1 Pg Sauerteig-Extrakt (Reformhaus)
 1 Pg Hefe-Instant
 1 EL Salz
700 ml Wasser

Aus allen Zutaten einen Brotteig herstellen, kräftig durchkneten und zugedeckt gehen lassen. Nochmals kneten und in eine feuerfeste oder große Kastenform füllen und wiederum gehen lassen, bis die Oberfläche Risse bekommt.

Backzeit: 1 Stunde bei 200°C Umluft

Sauerkrautsalat
Sauer macht lustig

- **250 g** frisches Sauerkraut
- **200 g** Weintrauben
- **1** Großer Apfel
- **2** Mandarinen
- **2 EL** Zitronensaft
- **2 EL** Orangensaft
- **2 EL** Öl
- ✔ Pfeffer
- ✔ Zucker
- **1 Spritzer** Worcester Soße

Kraut klein zerpflücken. Trauben waschen und halbieren. Apfel schälen, würfeln und mit dem Zitronensaft beträufeln. Mandarinen schälen und in Stücke schneiden. Alle Zutaten in eine Schüssel geben. Mit Öl und den Gewürzen vermengen und abschmecken.

Holundersaft
Der volle Vitaminschub

- **10 Dolden** Holunder
- **10 l** Wasser
- **4** Zitronen, schälen und würfeln
- **40 g** Zitronensäure

Alles zusammenschütten und über Nacht stehen lassen. Absieben und

- **1 kg** Zucker

zufügen, fast kochen lassen und in Flaschen einschrauben.

Karottensuppe
Wer zu viel davon isst, bekommt 'ne gelbe Nase

- **500 g** Karotten
- **1** Zwiebel
- **25 g** Butter
- **750 ml** Hühnerbrühe
- **3 Streifen** Orangenschale, unbehandelt
- **1** Lorbeerblatt
- ✔ Salz & Pfeffer

Möhren und Zwiebel schälen und würfeln. Butter in einem Topf schmelzen lassen und das Gemüse zufügen. Den Topf schließen und 5 bis 10 Minuten köcheln lassen. Mit der Hühnerbrühe ablöschen und die Orangenschalen zugeben. Das Lorbeerblatt, Salz & Pfeffer zugeben und alles 15 Minuten kochen lassen oder bis die Karotten weich gekocht sind. Das Lorbeerblatt entfernen und die Suppe pürieren.

Weißkohlsalat
Ein toller Herbstsalat

- **1/4 l** Essig
- **1/4 l** Öl
- **250 g** Zucker
- **1** Weißkohl
- **2 EL** Salz
- **2** Zwiebeln

Essig, Öl und Zucker aufkochen. Den Weißkohl fein schneiden, waschen und dazugeben. Salz und fein gewürfelte Zwiebeln untermischen.

Grumbeerekiechle
Lecker, lecker, lecker

- **1 kg** Kartoffeln, kochen und abschälen
- **2** große Zwiebeln
- ✔ Petersilie, gehackt
- **2** Eier
- **1-2 EL** Mehl
- **1 Gl** Öl
- ✔ Salz & Pfeffer
- ✔ Muskatnuss

Die geschälten Kartoffeln reiben. Die Zwiebeln hacken und in etwas Öl rösten. Mit Petersilie, Eier, Mehl, Salz, Pfeffer und Muskatnuss zu den Kartoffeln geben und mischen.
In einer Pfanne Öl erhitzen. Mit einem Löffel kleine Mengen der Kartoffelmasse in das heiße Öl gleiten lassen, mit dem Löffel platt drücken und auf beiden Seiten goldgelb backen.

Die knusperigen Küchlein werden zu Grünem- oder Gurkensalat oder auch zu Apfelkompott gereicht.

Kartoffelpizza für 6 Personen
Der Partyhit

 1,5 kg Kartoffeln
 200 ml Brühe

Die Kartoffeln in Scheiben schneiden und mit der Brühe auf einem gefetteten Backblech verteilen.
Backzeit: 25 Minuten bei 220°C Umluft

 200 g Champignons
  1 Zucchini
  2 Zwiebeln
  4 Tomaten
  ✔ Salz & Pfeffer
 1 EL Oregano

Champignons, Zucchini, Zwiebeln und Tomaten klein schneiden und auf den Kartoffeln verteilen. Mit Salz, Pfeffer und Oregano würzen.

 1 Be Sahne

Sahne über die Kartoffeln und das Gemüse gießen und 15 Minuten weitergaren.

 200 g Kochschinken, gewürfelt
 200 g Gouda, gerieben

Den Kochschinken und den Käse auf der Pizza verteilen und nochmals 10 Minuten backen.

Apfelchutney
Für alle, die es gerne indisch mögen

    1 kg Äpfel
150 g Zwiebeln
150 g Rosinen
    1 EL Senfkörner
    1 TL Salz
    ✔ Cayenne Pfeffer
1/2 TL Ingwerpulver
1/4 l Weinessig
600 g brauner Kandis

Die Äpfel und Zwiebeln fein würfeln mit den anderen Zutaten in einen Topf geben, aufkochen und 30-40 Minuten dick einkochen lassen. In Schraubgläser fest verschließen.

Möhrenrösti
Nicht nur für Vegetarier

400 g Möhren
1 Bund Petersilie
    2 Eier
    ✔ Salz & Pfeffer
8 EL Mehl
    ✔ Mehl zum Bestäuben
    ✔ Öl

Möhren waschen, schälen und reiben. Petersilie waschen und klein schneiden. Eier, Salz, Pfeffer und Mehl in einer großen Schüssel verrühren. Möhren und Petersilie hinzufügen und alles noch mal gut verrühren. Jetzt aus der Masse acht Fladen bzw. Rösti formen. Öl in der Pfanne erhitzen und die Rösti hineinlegen.
Die Rösti bei mittlerer Hitze zuerst für etwa 5 Minuten von der unteren Seite anbraten. Wenn sie goldbraun sind, umdrehen und von der anderen Seite braten.

Apfelpfannkuchen
Kinder mögen's gerne

- **500 g** Mehl
- **4** Eier
- **125 g** Zucker
- ✔ Salz
- ✔ Milch nach Bedarf
- **2-3** große Äpfel
- **1 TL** Zimt

Mehl, Eier, Zucker und Salz mit so viel Milch verrühren, dass eine sämige Masse entsteht. Die Äpfel mit dem Zimt vermengen und unter die Teigmasse rühren.

Öl in einer Pfanne erhitzen und darin kleine Pfannkuchen backen.

Weintraubenspeise mit Dickmilch
Köstlich

  250 g Weintrauben
  1/2 l Traubensaft
    2 El Speisestärke
   20 g Zucker
      ✔ Nelkenpulver
  200 g Dickmilch

Die Weintrauben waschen, halbieren und die Kerne entfernen. Die Trauben mit der Speisestärke unter ständigem Rühren zum Kochen bringen. Mit Zucker und Nelkenpulver abschmecken. Den Saft mit den Weintrauben mischen, in eine Schüssel geben und die Dickmilch unterheben. 1 Stunde im Kühlschrank kalt werden lassen.

Stuut
Ostfriesisches Weißbrot

  650 ml Buttermilch
    1 EL Zucker
   40 g Hefe (1 Würfel)
    2 TL Salz
   50 g Butter, geschmolzen

Alle Zutaten miteinander verrühren und mit
    1 kg Weizenmehl
gut verkneten. Den Teig in eine gefettete Brotbackform geben und bis auf die doppelte Menge gehen lassen.
Backzeit: 40-45 Minuten bei 180°C Umluft - unterste Schiene

Variationen:
- Ölsaaten unter den Teig mischen und damit bestreuen
- Rosinen oder/und Nüsse unterkneten
- ist auch ein guter Brötchenteig

Rotkohlsalat mit Schafskäse
Bei uns noch unbekannt

  600 g Rotkohl
    1 Zwiebel
  2 EL Öl
  4 EL Essig
  1 TL Zucker
    ✔ Salz & Pfeffer

Den Rotkohl in feine Streifen schneiden. Die Zwiebel fein hacken. Mit den Gewürzen abschmecken. Gut durchziehen lassen. Den Schafskäse würfeln und darüber streuen.

Grumbeereknepfle
Da läuft einem doch das Wasser im Mund zusammen

- **1,5 kg** Kartoffeln
- **1** Lauchstengel, gehackt
- **2 EL** Petersilie, gehackt
- **2** Eier
- ✔ Salz & Pfeffer
- ✔ Muskatnuss
- **100 g** Speckwürfel
- **150 g** geröstete Brotcroutons
- **20 g** Butter
- **150-200 ml** Rahm

500 g Kartoffeln mit der Schale in Salzwasser kochen, schälen und durch die Gemüsemühle drehen. Die restlichen Kartoffeln schälen, auf einem Käsereibeisen reiben und in einem Tuch ausdrücken. Rohe und gekochte Kartoffeln miteinander vermengen, Lauch, Petersilie, Eier, Salz, Pfeffer und Muskat dazu geben. Mit einem Holzlöffel mischen.

2 l Salzwasser zum Kochen bringen. Mit 2 Esslöffeln längliche Knödel bilden, sie ins kochende Wasser gleiten lassen und 7-8 Minuten kochen lassen.

Abtropfen lassen und in einer tiefen Schüssel anrichten. Die Speckwürfel und Brotcroutons goldgelb rösten, den Rahm dazu geben und über die "Knepfle" geben. Mit grünem Salat begleiten.

Ostfriesisches Schwarzbrot
Schwarzes Brot macht Wangen rot

50 g	Hefe (1 Würfel)
1 EL	Salz
200 g	Zuckerrübensirup, dunkel
1 l	lauwarme Buttermilch
500 g	Roggen, grobgeschrotet
500 g	Weizen, grobgeschrotet
500 g	Weizenvollkornmehl, feingemahlen

Hefe, Salz und Sirup in der lauwarmen Buttermilch auflösen. Die restlichen Zutaten dazugeben und alles gut vermengen. Den Teig in eine gefettete Brotbackform (oder zwei Kastenformen) füllen, mit Alufolie abdecken und zusammen mit einer Tasse heißem Wasser auf die unterste Schiene in den Backofen stellen.

Backzeit: 3 Stunden bei 180°C Umluft

Den Ofen abschalten, geschlossen halten und 2 Stunden abkühlen lassen. Brot auf ein Gitter stürzen und erst am nächsten Tag mit der Schneidemaschine in dünne Scheiben schneiden.

Blumenkohlsalat
Kleiner Kohl - große Wirkung

    1 kleiner Blumenkohl
250 g Fleischwurst
    1 Gl Silberzwiebel
    1 Gl Tomatenpaprika
- ✔ Essig
- ✔ Öl
- ✔ Salz & Pfeffer
- ✔ Petersilie

Den Blumenkohl waschen, in Röschen teilen und 15 Minuten in Salz-Essig-Wasser garen und abkühlen lassen. Die Fleischwurst in Streifen schneiden. Die Silberzwiebeln und Tomatenpaprika abtropfen lassen. Alle Zutaten vermischen. Aus Essig, Öl, Salz und Pfeffer eine Salatsoße zubereiten und über den Salat geben. Zum Schluss gehackte Petersilie darüber streuen.

Kartoffel-Wurst-Suppe mit Käse
Deftig, würzig und schnell serviert

- 4 Wiener Würstchen
- 4 Mettwürstchen
- 400 g Krakauer
- 4 Zwiebeln, mittelgroß
- 8 EL Olivenöl
- 800 g TK-Gemüse, gemischt
- 2 l Fleischbrühe
- ✔ Kartoffelpüreepulver
- 280 g Schmelzkäse, Salamigeschmack
- ✔ Tabasco
- ✔ Thymian, getrocknet
- ✔ Knoblauchpulver
- ✔ Salz & Pfeffer (aus der Mühle)

Die Würstchen in dünne Scheiben schneiden und die Zwiebeln fein hacken. Olivenöl in einem Topf erhitzen, Würstchen und Zwiebeln darin 4 bis 5 Minuten braten. Das Gemüse dazugeben und 4 Minuten mitdünsten. Mit Fleischbrühe aufgießen und zum Kochen bringen. Das Kartoffelpüree reingeben und weitere 2 Minuten kochen lassen. Die Hitze reduzieren und 10 bis 12 Minuten köcheln. Schmelzkäse zur Suppe geben und schmelzen lassen. Mit den restlichen Zutaten abschmecken und mit Baguette servieren. Nach Wunsch mit Sahne verfeinern.

Kartoffelauflauf
"Alles rund um die Kartoffel"

- **500 g** festkochende Kartoffeln
- **200 g** gekochten Schinken
- ✔ Fett
- **2** Knoblauchzehen
- **100 g** Sahne
- **100 g** Sauerrahm
- ✔ Salz & Pfeffer
- ✔ Muskat
- ✔ Basilikum

Ofen auf 200°C vorheizen.

Kartoffeln waschen, schälen, in Scheiben hobeln. Schinken in Streifen schneiden. Kartoffeln und Schinken abwechselnd in eine gefettete Auflaufform schichten. Knoblauch schälen, pressen und mit Sahne und Sauerrahm verrühren. Mit Salz, Pfeffer und Muskat würzen und über die Kartoffeln geben.

Backzeit: 35 Minuten bei 180°C bis 200°C Umluft

Mit Basilikum garnieren.

Sauerkrautsalat mit Paprika
Vitaminreich und lecker

- **1 Ds** Weinsauerkraut
- **2** rote Paprikaschoten, Ringe oder Streifen
- **1** rote Pfefferschote, Ringe oder Streifen
- **1 Be** Kefir
- **1/2** Zitrone, auspressen
- **1 TL** Salz
- **1 TL** Zucker
- ✔ Kümmel
- ✔ Wacholderbeeren, zerdrückt

Das Weinsauerkraut aus der Dose nehmen und ganz locker mit 2 Gabeln auseinandernehmen. In eine Schüssel geben, die gewaschenen und in Ringe oder dünne Streifen geschnittenen Paprika- und Pfefferschoten unter das Sauerkraut mischen. Von den anderen Zutaten eine Soße bereiten und über das Sauerkraut-Paprikagemisch geben. Eventuell mit einer weiteren Paprikaschote garnieren.

Kartoffelroulade
Es muss nicht immer Rind sein

    1 kg Kartoffeln
  1/4 l Heiße Milch
      2 Eier
      ✔ Salz
  2 EL Butter, zerlassen

Für die Füllung:

  300 g Hackfleisch
      1 Zwiebel
      ✔ Pilze (nach Wunsch)
      1 Ei
  50 g Semmelbrösel
      ✔ Salz & Pfeffer

Zum Bestreuen:

✔ Saure Sahne
✔ Semmelbrösel

Die Kartoffeln schälen, in Stücke schneiden und in Salzwasser gar kochen. Abgießen und die heißen Kartoffeln zu Brei stampfen. Zu den Kartoffeln heiße Milch, Eier, Salz und zerlassene Butter hinzugeben. Daraus einen Teig zubereiten.
Die Zwiebel schälen und in kleine Würfel schneiden. Aus Hackfleisch, Zwiebel, Ei, Semmelbröseln und den klein geschnittenen Pilzen eine Hackfleischmasse zubereiten.

Mit Salz und Pfeffer abschmecken. Anschließend wird die Kartoffelmasse ca. 2 cm dick auf ein feuchtes Tuch gestrichen und die Hackfleischfüllung aufgetragen. Mit dem Tuch alles zu einer Roulade wickeln. Roulade auf ein gefettetes Blech legen und mit saurer Sahne bestreichen. Anschließend mit Semmelbrösel bestreuen und mit zerlassener Butter beträufeln.

Backzeit: 40-50 Minuten bei 150°C Umluft - vorgeheizt

Tipp: Dazu passt ein frisches Bier und ein gemischter Salat.

Multivitamin Drink
Der Optimale Vitamindrink für die kalte Jahreszeit

- 1 Banane
- 1 Apfel
- 1 Orange
- 1 Mango
- 1 El Apfelessig
- ca. 300 ml Mineralwasser
- ✔ Honig

Das Obst schälen und in grobe Stücke schneiden, dann pürieren und die anderen Zutaten zufügen und miteinander vermengen.

Zucchini in Weißwein
Mit der feinen Note

3 kg	Zucchini
1/4 l	Weinessig
✔	Wasser
1 Fl	trockener Weißwein
500 g	Zucker
4	Zitronen, auspressen

Die Zucchini schälen, der Länge nach vierteln, die Kerne entfernen, in mundgerechte Stücke schneiden und in eine Schüssel geben. Den Essig und so viel Wasser hinzufügen, dass die Zucchini bedeckt sind. Mit einem Teller beschweren und über Nacht stehen lassen. Die Flüssigkeit abgießen. Die Zucchini mit dem Wein und Zucker aufkochen und so lange garen bis sie bißfest sind. Den Zitronensaft zufügen, die Zucchini in Schraubgläser füllen, den Wein darüber gießen und die Deckel gut fest schrauben.

Tipp: Schmeckt gut zu Fleisch oder deftigem Eintopf.

Mischbrot
Was der Bäcker kann - können wir doch auch

375 g	Roggenmehl
375 g	Weizenmehl
1 Würfel	Hefe

1/4 l Wasser, lauwarm
1/8 l Milch, lauwarm
1 TL Salz
1 EL Kümmel, ganz
1 EL Koriander, zerdrückt

Hefe ansetzen, mit den Zutaten zu einem Teig verkneten und gehen lassen. Dann zu einem Laib formen und auf dem Backblech nochmals gehen lassen.

Backzeit: 45 Minuten bei 230°C Umluft

Möhrensalat
Rohkost ab Abend - erquickend und labend

200 g Möhren, gerieben
1 Apfel, gerieben
1/2 Zitrone, auspressen
2 EL Sauren Rahm
2 EL Nüsse, gerieben
1 EL Salatkräuter
✔ Zucker
1 EL Öl

Alles in eine Schüssel geben, gut vermischen und durchziehen lassen.

Tomato Chutney
Ideal auch für den Winter

- **3 kg** Tomaten
- **1 1/2** saure Äpfel
- **250 g** Rosinen
- **3 Tassen** Essig
- **3** Zwiebeln
- **1 EL** Ingwerpulver
- **1 EL** Zimt
- **6** Chillies
- **3 kg** Zucker

Alles zusammen zerkleinern. Es kann ruhig musig sein, so als hätte man es durch den Fleischwolf gedreht. Nun alles in einem großen Topf gute 2 Stunden kochen lassen, da es leicht ansetzt und dann anbrennt, muss man die Masse oft umrühren. In Schraubgläser fest verschließen.

Zwiebelsalat
Die schnelle Lösung

- **6-8** Zwiebeln
- **3-4** Äpfel
- **1 Gl** Champignons
- **250 g** Fleischwurst oder Schinkenwurst
- **4** Gewürzgurken
- **1 Gl** Miracel Whip

Zwiebeln, Äpfel, Champignons, Fleischwurst oder Schinkenwurst und Gurken klein schneiden und mit Miracel Whip verrühren.

Sauerkrautsuppe

Die Edeltraut, die Edeltraut die kocht so gerne Sauerkraut...

- **100 g** Speck, durchwachsen und geräuchert
- **500 g** Schweinegulasch
- **500 g** Rindergulasch
- **2** Zwiebeln
- ✔ Salz & Pfeffer
- ✔ Cayennepfeffer
- **1** Pfefferschote
- **2** Lorbeerblätter
- **1 Ds** Sauerkraut
- **3** Cabanossi
- **2 El** Tomatenmark

Den Speck würfeln und mit dem Gulasch anbraten. Die Zwiebeln würfeln und zufügen. Das Sauerkraut und die Gewürze zufügen und alles ca. 45 Minuten garen. Die Cabanossi in Scheiben schneiden und mit dem Tomatenmark zufügen und abschmecken.

Kalte Erbsen und Bratheringe

Mit der Gesundheit ist das so eine Sache. Gewiss sollen wir auf die Ärzte hören. Und oft genug helfen ihre Ratschläge. Heute mehr als zu Luthers Zeiten, denn damals war die Medizin noch nicht so weit entwickelt. Auch Luther fand keinen Gefallen an bitterer Medizin. Und er ahnte etwas davon, dass zuweilen ein innerer Wunsch nach einem Lieblingsessen am besten heilen kann: „Als er zu Schmalkalden krank gelegen hätte, da wären wohl vier Ärzte über ihm gewesen. Denen wäre er gar gram geworden; denn es wäre kein Mensch in der Welt, der so ungern aus der Apotheke esse und trinke wie er. Und erzählte sein Exempel, dass er (ein ander Mal) drei Tage gelegen hätte und nichts hätte essen mögen, und die Ärzte hätten ihm auch viele Speisen verboten. Da war die Frau im Hause zu ihm kommen, die hätte ihn gebeten, er solle doch sagen, was er Lust zu essen hätte, so wollt sie es ihm zurichten. Da hätte er gesagt: Er möchte gern kalte Erbsen und Bratheringe essen. Die hätte sie ihm gemacht und er hätte flugs darauf gut geschlafen." (Hg. Kurt Aland, Luther-Werke Bd. 9, S. 283-284)
Was kann man dazu anders sagen als: „Guten Appetit!" Wie aber seine Käthe Bratheringe mit kalten Erbsen zubereitet hat – das Rezept muss ein jeder selbst ausprobieren!

Reformationstag

Zwei Feste brachte der Protestantismus hervor. Das Reformationsfest und das Missionsfest. Am Missionsfest feiern Christen, dass sich die gute Nachricht in alle Welt verbreitet. Am Reformationsfest feiern wir die Zentrierung auf die gute Nachricht. Was sie besagt? Mit Luthers Worten (vgl. Mt 6,33):
„Das lasst eure erste Sorge sein, sagt Christus, dass ihr nach dem Reich Gottes und nach seiner Gerechtigkeit trachtet. Das ist: Sorget zuerst, wie ihr gläubig werdet und Gott in euch regiere; wenn ihr das habt, so will euch Gott den Bauch nicht leer lassen..."
Immer wieder verkehrt sich unser Leben gegen diese Wahrheit: Das Zweite, den Bauch als Symbol unserer Existenz, machen wir zum Ersten! Sorge und Angst bestimmen daher unser äußeres Leben, während wir unser inneres Leben vernachlässigen.
Das Reformationsfest ruft uns zur Umkehr: Zuerst hänge dein Herz an Gott, zentriere dich auf seine Liebe und seine Güte. Dann wirst du automatisch alles das bekommen, was du zum Leben brauchst.

Georg Gremels, Hermannsburg

Reformationstag

Grüne Suppe
Die Marsmännchen sind da

- **1 kg** Kartoffeln
- **60 g** Butter
- **3** Zwiebeln
- **2 Pg** Tiefkühlspinat
- **3 Be** Schmand
- ✔ Salz & Pfeffer
- ✔ Klare Brühe
- **1** Mett-Ringwurst

1 Zwiebel klein schneiden und mit 30 g Butter in einem Topf andünsten. Die Kartoffeln schälen, waschen, in Würfel schneiden und hinzufügen. Das Ganze mit Brühe auffüllen und 10 Minuten kochen lassen. Den Spinat dazugeben und gut aufkochen lassen. Die Suppe fein pürieren. Den Schmand unterrühren und mit Salz und Pfeffer abschmecken.

Die Mett-Ringwurst in Streifen schneiden, die beiden Zwiebeln klein schneiden, mit 30 g Butter anschmoren und in die Suppe geben.

Zwetschgenknödel

Für 6 Personen

- **750 g** Magerquark
- ✔ Salz
- **100 g** Mehl (Type 1050)
- **2** Eier
- **20 g** Margarine
- **16** reife Zwetschgen
- **1/8 l** Sahne
- **40 g** Honig
- ✔ Zimt
- **3-4 EL** Mandeln, gehackt

Den Quark abtropfen lassen. Ca. 200 g abnehmen. Den Rest mit Salz, Mehl, Eiern und der Margarine verrühren. Den Teig zu einer dicken Rolle formen, in einer Alufolie einschlagen und 1 Stunde im Eisschrank aufbewahren. Zwetschgen entsteinen, Teigrolle in 16 Stücke schneiden und leicht auf einem bemehlten Blech aufdrücken bis sie groß genug sind, um eine Zwetschge einzuhüllen. Dann Knödel formen, gut zusammendrücken. In kochendem Salzwasser 15 bis 20 Minuten ziehen lassen. Den restlichen Quark mit der Sahne, Honig und Zimt cremig rühren und über die Knödel ziehen. Mit gehackten Mandeln bestreuen.

Dampfnudle
Schmeckt Kindern immer

Zutaten für den Teig:
- **25 g** Hefe
- **1/4 l** lauwarme Milch
- **60 g** Zucker
- ✔ Salz
- **60 g** Butter
- **500 g** Mehl
- **2** Eier

Zum Kochen:
- **150 ml** warmes Salzwasser
- **30 ml** Öl
- **20 g** Butter

Hefe in der lauwarmen Milch auflösen. Zucker, Salz und Butter dazugeben, dann das Mehl nach und nach und zuletzt die Eier hinzu fügen. Diesen Teig mit der Hand gut bearbeiten. Eine Stunde in einem mässig warmen Raum ruhen lassen, bis der Teig die doppelte Menge erreicht. Dann den Teig nochmals bearbeiten, in etwa 10 Kugeln teilen (die Grösse eines Apfels). Diese Kugeln nochmal eine 1/2 Stunde ruhen lassen, damit sie die doppelte Größe erreichen.
Das Öl in einem eisernen Topf mit Deckel heizen und die Butter dazugeben. Die Teigkugeln behutsam in den Topf legen, ohne dass sie sich berühren. Das Glas Wasser schnell hinein schütten und zudecken. Etwa 15 Minuten kochen lassen, bis die „Dampfnudle" unten knusprig und

goldgelb sind. Dann kann man sie umdrehen und auf der andern Seite anbraten, ohne zuzudecken.
Diese kleinen warmen Brötchen können mit einer Gemüsesuppe oder mit Apfelmus, Creme Anglaise, eingemachtes Obst (Zwetschgen, Mirabellen, Kirschen) gereicht werden.

Wasserschtriwle oder Mehlknepfle
Wie wird das ausgesprochen?

- **300 g** Mehl
- **3** Eier
- ✔ Wasser
- **1 TL** Salz
- **4 l** Salzwasser
- **50 g** Butter
- ✔ Brotwürfel

Das Mehl, die zu Omelette geschlagene Eier, das Wasser und das Salz mit einem Kochlöffel gut verarbeiten um einen etwas flüssigen, nicht zu dicken Teig zu erzielen. Das Salzwasser in einem Topf zum Kochen bringen. Mit einem kleinen Löffel kleine Teigklößchen in das Wasser gleiten lassen. Abschöpfen, sobald alle "Knepfle" an der Wasseroberfläche auftauchen. Mit in Butter gerösteten Brotwürfel anrichten.
Die Knepfle können so gut Fleischmahlzeiten wie Apfelmus oder gekochtes Obst begleiten.

Überbackene Zwiebeln
Zwiebeln erleben

   ca. 1 kg Zwiebeln
     1 EL Fett
   1/8 l Sahne
      2 Eier
- Salz
- Paprika
- Semmelbröseln
- Käse, gerieben
- Fettflöckchen

Möglichst kleine Zwiebeln wählen, größere durchschneiden, schälen. Die Zwiebeln in heißem Fett leicht bräunen, etwas Sahne zugießen und ca. 20 Minuten garen. Danach in eine gefettete Auflaufform geben. Die restliche Sahne mit Eiern und Gewürzen verquirlen, über die Zwiebeln gießen. Mit Semmelbrösel und geriebenen Käse bestreuen, ein paar Fettflöckchen aufsetzen.

Backzeit: 20 Minuten bei 225°C Ober-/Unterhitze - mittlere Schiene (Gas-Herd 4-5 ca. 20 Minuten).

Mehlklöße
Hessen grüßt

- **500 g** Mehl
- **3** Eier
- ✔ Salz
- **1 TL** Backpulver
- ✔ Mineralwasser

Mehl, Eier, Salz und Backpulver mit Mineralwasser zu einem Knetteig verrühren (Teig soll fest sein).

Einen Topf mit kochendem Salzwasser vorbereiten und mit einem Esslöffel kleine Portionen abstechen und in das kochende Wasser geben. Die Klöße so lange kochen, bis sie an die Oberfläche kommen und noch ca. 10 Minuten ziehen lassen.

- **2-3** große Zwiebeln
- **125 g** Mettwurst oder Salami
- ✔ Margarine

Zwiebeln und Mettwurst oder Salami klein schneiden und in einer Pfanne mit etwas zerlassener Margarine dünsten.

Die Klöße auf Teller verteilen und die Zwiebel-Wurst-Masse darüber geben.

Halloween

Halloween ist ein europäisches Fest. Die Kelten gründeten es mit einem Kult. Sie hatten die Vorstellung, dass am 31. Oktober eines Jahres sich die Zeit des Sommers und des Lichtes verabschiedet; und Samhain, der Herrscher der Finsternis, die Macht für Herbst und Winter übernimmt. Dabei hatten sie die Vorstellung, dass gerade dieser Übergang für Tote günstig ist, um auf die Erde zu kommen und ihr böses Spiel zu treiben.

Das Wort Halloween kommt aus dem Englischen. Es entwickelte sich aus dem Wort „All Saints" (Allerheiligen). Daraus wurde "All Saints Eve" (Der Abend vor Allerheiligen), daraus entstand dann über die Jahre umgangssprachlich die Bezeichnung "All Hallowmas Eve", was dann widerum zu Halloween wurde.

Besonders die Iren pflegten den Kult von Halloween. Sie nahmen ihn als Feiertag und Fest mit, als sie nach Nordamerika emigrierten (1830-1850). Es dauerte einige Jahre, bevor sich in der neuen Welt „Halloween" einen gesellschaftlichen Platz erobern konnte. Vor allem erwachsene Amerikaner feierten während des zweiten Weltkrieges Halloween als rauschendes Kostümfest. Erst in den siebziger Jahren wurde es als Fest für Kinder entdeckt, so wie es auch wir mittlerweile kennen: Mit ausgehöhltem Kürbis ("Jack O'Lantern"), Kinder als Geister und Gruselgestalten verkleidet und dem Spruch auf den Lippen: „Süßes oder Saures".

Seit den 90 ziger Jahren kommt nun das „Halloweenfest" als Reimport zurück nach Europa. Vor allem wirtschaftliche Interessen der Fest-, Dekorations- und Spielwarenindustrie halfen, das Fest in unserer Freizeit und Spaßkultur fest zu verankern. Mittlerweile können mit Halloween ganze Industriezweige satte Gewinne einstreichen.

Halloween hat mit der christlichen Vorstellung von Tod und Auferstehung nichts zu tun. Die Menschen suchen sich in einer pluralistischen Welt ihre eigenen Kulte mit entsprechendem Spaßfaktor. Das sollten wir wahrnehmen und gleichzeitig nicht besserwisserisch unseren eigenen Standpunkt deutlich machen. Am 31. Oktober ist Reformationsfest. Der Tag an dem Martin Luther begonnen hat, Traditionen in Frage zu stellen und zum Zentrum des christlichen Glaubens zurückzukehren: Jesus wurde gekreuzigt, starb und ist nach drei Tagen von den Toten auferstanden.
Der Tod hat grundsätzlich verloren, wofür und wozu dann noch ein Fest, an dem wir, auch aus purem Vergnügen, noch so tun, als müsste man sich vor dem Tod fürchten?
Friedhelm Hoffmann, Soltau

Halloween

Cremige Kürbissuppe
Kürbis kann so lecker sein

- **1 kg** Kürbis (am besten Muskatkürbis)
- **2** kleine Zwiebeln
- **2** Möhren
- **4 EL** Speiseöl
- **3/4 l** Gemüsebrühe
- **2** Knoblauchzehen
- ✔ Salz & Pfeffer
- ✔ Ingwer
- ✔ Muskat
- **1** Zitrone, auspressen
- **100 g** Schmand
- ✔ Petersilie

Kürbis in Spalten schneiden, Kerne und grobe Fasern herauslösen, die Schale entfernen und das Fruchtfleisch kalt abspülen. Das Ganze abtropfen lassen und grob würfeln. Zwiebeln schälen und fein hacken. Möhren schälen und grob raspeln. Knoblauchzehen abziehen und durch eine Knoblauchpresse drücken. Das Gemüse in heißem Öl 5 bis 7 Minuten andünsten. Gemüsebrühe zubereiten, zugießen, mit Salz, Pfeffer, Ingwer und Muskat kräftig würzen und alles 15 Minuten kochen lassen. Anschließend die Suppe mit dem Rührstab fein pürieren, Nachwürzen und mit Zitronensaft abschmecken. Mit cremig gerührtem Schmand und Petersilie servieren.

Kürbissuppe

So schnell hat man eine leckere Suppe

- **1,5 kg** gelben Delikatesskürbis
- **1/2 l** Gemüsebrühe
- **2 Be** Sahne oder Schmand
- **1 EL** Zitronensaft
- ✔ Salz & Pfeffer
- ✔ Ingwer
- ✔ Kürbiskerne

Den Kürbis klein schneiden und mit 1/2 l Gemüsebrühe kochen und pürieren. Sahne oder Schmand und Zitronensaft hinzufügen und mit Salz, Pfeffer und Ingwer abschmecken.

Kürbiskerne rösten und über die Suppe streuen.

Tipp: 3 kg reines Kürbisfleisch reicht für 10 Personen

Gruselessen zur Halloween-Party
Mettbrötchen auf Abwegen

- **1 kg** Schweinemett
- **2** Zwiebeln
- ✔ Rote Lebensmittelfarbe
- ✔ Ketchup

Aus dem Schweinemett wird ein großer Fuß geformt. Je nach kreativer Ader kann man die Zehen sehr detailliert oder modellartiger ausformen. Als Zehennägel werden ausgeschnittene Zwiebelschichten aufgedrückt.
An der Amputationsstelle, wo der Knochen zu sehen sein sollte, kommt noch einmal ein Stück Zwiebel im Querschnitt.
Wer es richtig eklig mag, sollte mit Ketchup oder roter Lebensmittelfarbe nicht sparen.

Brötchen als Beilage.

Würstchenfinger
Ideal für Halloween, blutige Würtschenfinger

- **6** Wiener Würstchen
- **6** Mandeln, geschält
- ✔ Ketchup

Wiener Würstchen an einer Seite abreißen (sieht schön gruselig aus). An der anderen Seite einschneiden und die Mandel hineinstecken, so dass sie als Fingernagel noch herausschaut. Die Spitze der Mandel sollte nach außen schauen. Würstchenfinger auf eine Platte oder Teller legen und schön gruselig mit Ketchup verzieren.

Augäpfel
Was kann gruseliger sein?

- ✔ Mozarella
- ✔ schwarzen Oliven

Mozarella-Kugeln mit einer schwarzen Olive versehen oder mit einer dünnen Scheibe von einer schwarzen Olive. Auch Salatgurke und Olivenscheibe sehen eklig-gruselig aus!

Hier noch eine fruchtige Version:

- ✔ Litschies
- ✔ Weintrauben

Man nehme Litschies (aus der Dose, bereits entkernt) und steckt in jede eine Weintraube. Wer weniger Wert auf guten Geschmack, aber mehr auf Optik legt, kann auch eine grüne, paprikagefüllte Olive verwenden.

Der Martinstag wird am 11. November gefeiert.

Die Legende des Heiligen St. Martin:
Martin von Tours (316 - 398) in Ungarn geboren war Offizier des römischen Kaisers. Nach der Legende begegnete ihm in einer kalten Winternacht ein Bettler, der nur noch Lumpen auf dem Leib trug und vor Kälte wimmerte. Als Martin ihn sah, nahm er sein Schwert und schnitt damit seinen eigenen Mantel mitten durch. Die eine Hälfte gab er dem Armen, die andere Hälfte legte er sich selbst wieder um.
In der folgenden Nacht soll dem Martin Jesus Christus im Schlaf erschienen sein. Er soll jenes Mantelstück getragen haben, das Martin dem Bettler am Abend gegeben hatte.
Martin ließ sich bald darauf im Alter von 18 Jahren taufen.
Mit 40 Jahren quittierte er seinen Dienst im Heer, wurde Missionar und wirkte seit 371 als Bischof von Tours.

Besonders auf dem Lande war früher der Martinstag von besonderer Wichtigkeit. An diesem Tage erhielten die Mägde und Knechte ihren Lohn, da jetzt die Ernte eingebracht und der Wein gekeltert war. Der Martinstag bedeutete somit den Abschluss eines Wirtschaftsjahres. Gleichzeitig mussten aber auch die Abgaben an Zinsen

und Pacht bezahlt werden. Viele Bauern leisteten ihre Abgaben nicht finanziell, sondern in Form von landwirtschaftlichen Produkten, z.B. einer Kuh, einem Schwein oder einer Gans.
Weil die Gänse oft vorher geschlachtet wurden, um dem Gutsherren einen fetten Gänsebraten zu servieren wurden diese Gänse nach dem Namen des Tages, also Martinsgans genannt.

In vielen Gegenden erhalten die Kinder auch heute noch kleine Geschenke zum Martinstag. Der Heilige St. Martin kommt z.B. in Franken als Pelzmärtel zu den Kindern.
Auch spezielle Backwaren findet man zum Martinstag: z. B. Martinshörner, Martinsbrezel, Martinerle

Ein anderer Brauch am Vorabend mit der Laterne herumzuziehen und Laternenlieder zu singen ist weit verbreitet. In einigen Gegenden führt diesen Laternenzug ein Reiter als St. Martin an. Oft wird dann auch die Legende mit dem Bettler nachgespielt.

Quelle: Internet

Martinstag

Kinderglühwein
Nach dem Laternenumzug

- **1 l** roten Trabensaft
- **150 g** Honig
- **1/2** Zimtstange
- **3** Gewürznelken
- **1/2** Zitrone, unbehandelt
- **1/2** Orange, unbehandelt

Den Traubensaft in in einen Kochtopf oder eine Kasserolle gießen. 150 g Honig, 1/2 Zimtstange, 3 Gewürznelken und die Schalen von 1/2 unbehandelten Zitrone und 1/2 Orange hinzufügen. Heiß werden lassen (nicht kochen) und in vorgewärmte Becher servieren.

Gebrannte Mandeln
Es muss nicht immer Jahrmarkt sein, denn schneller geht es auch daheim

- **1/8 l** Wasser
- **1 Pg** Vanillinzucker
- **200 g** Zucker
- **200 g** Mandeln, ungeschält

Wasser, Vanillinzucker und Zucker in einer Pfanne aufkochen lassen. Mandeln dazugeben und so lange kochen lassen, bis die Masse karamelisiert ist und die Mandeln anfangen zu glänzen.
Die Mandeln zum Abkühlen auf ein gefettetes Backblech schütten.

Mandeltaler
Ein kleiner Vorgeschmack auf die kommende Adventszeit

- **250 g** Mehl
- **1 Pg** Schokoladenpudding
- **1 TL** Kakao
- **125 g** Puderzucker
- **1 Pg** Vanillinzucker
- ✔ Salz
- **250 g** harte Butter
- **100 g** Mandeln, gemahlen

Aus allen Zutaten einen Teig herstellen. Aus dem Teig eine 3-4 cm dicke Rolle formen und zwei Stunden in den Kühlschrank stellen. Anschließend in dicke Scheiben schneiden und auf ein mit Backpapier ausgelegtes Backblech geben.
Backzeit: 15 bis 20 Minuten bei 175°C Umluft

Waffeln
Ideal für den Martinsumzug

- **250 g** Butter
- **200 g** Zucker
- **1 Pg** Vanillinzucker
- **3** Eier
- **500 g** Mehl
- **1 Pg** Backpulver
- **450 ml** Mineralwasser

Aus allen Zutaten einen sämigen Teig herstellen und im Waffeleisen goldbraune Waffeln backen.

Buß- und Bettag

Sicherlich begebe ich mich im Laufe meines Lebens oft in Situationen, wo ich anderen Leuten Unrecht tue und wo ich mir Schuld auflade. Doch wie bekomme ich da einen Ausgleich hin? Wie kann ich meine Schuld bezahlen? Wie erreiche ich einen Neuanfang?

Dazu gibt es verschiedene Ansätze. Natürlich kann ich probieren einen eventuell entstandenen Schaden wieder auszugleichen, in dem ich zum Beispiel für Ersatz eines verlorenen Gegenstandes sorge. Doch leider ist vieles in unserem Leben unersetzlich: Unser Stolz, unsere Würde, unser Selbstbewusstsein, Freunde und Verwandte, unsere Liebe.

Nun ist es bei Gott in mancherlei Hinsicht ähnlich. Denn nur allzu oft werden wir an ihm schuldig, bewusst oder unbewusst. Um dies wieder gut zu machen und sich selbst dem Ausmaß seiner Schuld bewusst zu werden, kann man nach historischem Vorbild sich selber bestrafen durch Zufügung von Schmerzen, bis es dem Masochismus gleicht. Eine andere Möglichkeit ist eine symbolische Wiedergutmachung, z.B. durch eine Spende oder eine andere Geste, die Zeit, Geld, oder Energie kostet. Das entspricht dem Prinzip der Wirtschaft, wo jede Leistung mit einer Gegenleistung verbunden ist.

Doch wäre es wohl etwas kleingläubig Gott in dieses Schema hineinpressen zu wollen. Denn er hat bereits mit Jesu Kreuzigung auf Golgatha für alle unsere Sünden den Preis bezahlt. Unser Anteil an der Wiedergutmachung ist erstaunlich gering jedoch nicht unerheblich geworden. Wir müssen unsere Schuld einsehen, sie bereuen und sie vor Gott bekennen. Wir büßen also, in dem wir beten. Im „Vater Unser" ist genau dieses enthalten.

In der mittelalterlichen Kirche diente jedes Bußverfahren dem Erhalt der kirchlichen Sittenzucht, mit Werken der Buße wie Beten, Fasten und Almosengeben konnte der Einzelne Vergebung erlangen. Luther indes bekämpfte eine derartige institutionelle Verengung des Bußbegriffs und definierte «Buße» nicht mehr als eine gelegentliche Ausnahmesituation, sondern vielmehr als die Grundhaltung eines jeden christlichen Lebens.

Heute nur noch als kirchlicher Gedenktag begangen und damit seines einstmals öffentlichen Charakters enthoben, gilt der Buß- und Bettag inzwischen vielen Christen als Tag «persönlicher Gewissensprüfung». In vielen Gemeinden findet man an diesem Tag - zumeist in Form einer eigens ausgestalteten Andacht - aber auch Zeit für Gebete für die Welt, für den Frieden und die Ökumene.

Arne Hildebrand, Hermannsburg

Buß- und Bettag

Kräftiger Porree-Eintopf
Kräftig, deftig

- **3-4 Stangen** Porree
- **2** grüne Paprika
- **6** rohe mittelgroße Kartoffeln
- **2 El** Fett
- **3/4 l** Wasser
- **2** Brühwürfel
- ✔ Salz
- ✔ Rosmarin
- **5 EL** Sahne
- **2 Paar** Wiener Würstchen
- ✔ Pfeffer
- **2-3 Spritzer** Tabasco (Vorsicht scharf!)
- ✔ Petersilie, klein gehackt

Porree in ca. 1 cm lange Stücke schneiden und gut waschen. Paprika halbieren, vierteln, von den weißen Trennwänden befreien und waschen. Danach in feine Streifen schneiden. Die Kartoffeln waschen, schälen und in kleine Würfel schneiden. In einem Topf das Fett erhitzen, das Gemüse dazugeben, ausdünsten, darauf die Kartoffelstücke geben. Wasser, Brühwürfel, Salz, Rosmarin und Sahne zufügen und 25 Minuten bei geringer Hitze garen. Nach der Garzeit die in Scheiben geschnittenen Würstchen, Pfeffer, Tabasco und Petersilie dazugeben.

Kaiserschmarrn
Kinderleicht und lecker

30 g	Rosinen
4	Eigelb
30 g	Zucker
✔	Salz
1 Pg	Vanillinzucker
3/8 l	Milch
125 g	Mehl
4	Eiweiß
40 g	Margarine

Zum Bestreuen:
- **20 g** Butter
- **30 g** Puderzucker

Eigelb, Zucker, Salz und Vanillinzucker in einem Topf mit dem Schneebesen oder im Mixer schaumig rühren, bis die Masse hellgelb und cremig wird. Die Milch und nach und nach das Mehl unterrühren, dann die Rosinen reingeben. Eiweiß sehr steif schlagen und unter den Teig heben. 10 g Margarine in einer Pfanne erhitzen. Ein Viertel des Teiges etwa 1/2 cm hoch einfüllen und bei kleiner Hitze 3 Minuten braten, bis die Unterseite leicht gebräunt ist. Vor dem Wenden wieder etwas Margarine in der Pfanne erhitzen. Sofort wenden. Andere Schmarrnseite auch 3 Minuten bräunen. Mit zwei Gabeln den Schmarrn in der Pfanne in unregelmäßige Stücke reißen. Warm stellen, bis alle 4 Schmarrn fertig sind. Dann die Butter erhitzen und die Stücke 2 Minuten darin unter Wenden braten. Auf 4 Tellern anrichten. Mit Puderzucker bestreuen.

Baeckeofe

Früher brachten die elsässischen Hausfrauen, an großen Wäsche- oder Arbeitstagen, dieses Eintopfgericht zum Bäcker. Nach dem Brot backen im heißen Backofen konnte der "Baeckeofe" bei gleichmässiger und langsamer Hitze lange schmoren. Der "Baeckeofe" entspricht besonders dem Speisezettel der kalten Wintertage!

- **500 g** Rindernuss
- **500 g** ausgebeinter Scheinekamm
- **500 g** ausgebeinte Hammelschulter
- **250 g** Zwiebeln, in Ringe schneiden
- **2** Knoblauchzehen, klein schneiden
- **100 g** Karotten, in Scheiben schneiden
- **2 Stangen** Lauch (das Weiße)
- **1/2 l** Elsässer Weißwein (Riesling oder Sylvaner)
- ✔ Petersilie
- ✔ Thymian
- ✔ Salz & Pfeffer
- **3** Lorbeerblätter
- **1,5 kg** Kartoffeln
- ✔ ein länglicher irdener Topf mit Deckel

Das in gleichmäßige Stücke zerlegte Fleisch soll 24 Stunden mit etwas Weißwein, der Petersilie und dem Thymian, einigen Zwiebelringen und Karottenscheiben, dem zerschnittenen Lauch, dem Pfeffer und Knoblauch marinieren. Am folgenden Tag die Kartoffeln schälen, in Scheiben schneiden und damit den Boden des irdenen Kochtopfes bedecken. Dann den Rest der Zwiebelringe und die Fleischstücke darauf geben, zuletzt eine Lage Kartoffeln, Karotten und Zwiebeln auflegen. Das Ganze mit dem Weißwein, der Beize und ein wenig Wasser bis zur halben Höhe des Topfes benetzen. Lorbeerblätter hinzufügen. Mit Salz und Pfeffer würzen und den Topf mit dem Deckel schließen. Diesen mit ein wenig Teig aus Mehl und Wasser abdichten.

Im Backofen 3 Stunden backen lassen.
(Thermostat 5-6).

Zu diesem Eintopfgericht, im Schmortopf aufgetragen, wird gewöhnlich grüner Salat gereicht.

Steckrüben-Porree-Eintopf
Die gute alte Steckrübe

- **250 g** Speck, durchwachsen und geräuchert
- **500 g** Steckrüben
- **500 g** Porree
- **500 g** Kartoffelstückchen
- ✔ Salz & Pfeffer
- **1/4 l** Wasser

Steckrüben schälen und in Stifte schneiden. Porree in schmale Ringe schneiden, danach gut waschen. Durchwachsenen, geräucherten Speck in Würfel schneiden, leicht anbraten. Steckrüben, Porree, Kartoffelstückchen, Salz und Wasser dazugeben.

Garzeit: 30 Minuten

Zwiebelkuchen 1
Immer wieder lecker - Variante A

- 500 g Mehl
- 1 Würfel Hefe
- 1 Tasse Milch
- 1 TL Zucker
- 1 TL Salz
- 100 g Butter

Aus allen Zutaten einen Hefeteig herstellen und auf ein gefettetes Backblech geben.

Belag:

- 1 kg Zwiebeln
- 65 g Butter
- 65 g Speck, durchwachsen, klein schneiden
- 2 Eier
- 1 TL Salz

Zwiebeln in Ringe schneiden. Die Butter mit dem Speck anbraten und die Zwiebelringe darin glasig dünsten.

Eier mit Salz verquirlen und unter die abgekühlte Zwiebel-Speck-Masse heben. Alles auf den Teig geben und eventuell mit 1 TL Kümmel bestreuen und bei 170°C bis 200°C goldbraun backen.

Zwiebelkuchen 2
Immer wieder lecker - Variante B

- **250 g** Mehl
- **100 g** Butter
- **5 g** Salz
- **100 ml** Wasser

Mürbeteig herstellen und auf ein gefettetes Blech geben.

Zwiebelmasse:
- **250 g** Zwiebeln
- **75 g** Butter oder Öl
- **100 g** Rauchspeck

Bechamelsauce:
- **500 ml** Milch
- **60 g** Mehl
- **50 g** Butter
- **2** Eigelb
- ✔ Salz & Pfeffer
- ✔ Muskatnuss

Die Zwiebeln schneiden und sie in der Butter dünsten. Die Bechamelsauce zubereiten: Die Butter zergehen lassen, das Mehl hinzufügen (nicht rösten lassen), dann die Milch gut verrühren um Klümpchen zu vermeiden, würzen und 10 Min. kochen lassen. Das Ganze vom Feuer nehmen und die Eigelb unterrühren. Sodann die Zwiebeln hinzugeben und abschmecken. Den Speck in Streifen schneiden und blanchieren. Das Kuchenblech mit dem Teig auslegen und etwa bis zur halben Höhe mit der Zwiebelmasse anfüllen. Obenauf den Speck legen. Im heißen Ofen 20 bis 25 Minuten backen.

Zwiebelsuppe
Von einfach bis nobel

250 g Zwiebeln
20 g Mehl
125 g Brot
40 g Butter
✔ Salz & Pfeffer aus der Mühle
2 l Fleischbrühe

Die Zwiebeln in dünne Scheiben schneiden. Sie mit der Butter in einem Topf unter häufigem Rühren langsam goldgelb werden lassen. Sobald die Färbung erreicht ist, die Zwiebeln mit dem Mehl bestreuen, umrühren und drei Minuten kochen lassen. Mit 2 L Fleischbrühe aufgießen, salzen und pfeffern. Etwa 20 Minuten kochen lassen. Gut abschmecken und die Suppe, durchgesiebt oder nicht (je nach Geschmack), in eine Suppenschüssel geben. Obendrauf leicht gebräunte Brotscheiben legen.

Tipp: Wünschen Sie die Zwiebelsuppe lieber gratiniert, dann bestreuen Sie die Brotscheiben mit 50 g geriebenem Schweizer Käse und stellen die Suppenschüssel zum gratinieren in den Backofen.

Käsnudel
Wenn die Zeit mal zu knapp ist

- **120 g** Nudeln (Spätzle)
- **250 g** Gouda, gerieben
- **200 g** Dörrfleisch, in Würfel schneiden

Nudeln in Salzwasser kochen, im Sieb abtropfen lassen. Abwechselnd eine Schicht geriebenen Gouda und eine Schicht Nudeln in eine Schüssel geben. Das Dörrfleisch ausbraten und über die Nudeln geben. Ca. 5-8 Minuten im Backofen bei 150°C Umluft ziehen lassen.
Tipp: Dazu passt Kopfsalat.

Pellkartoffelauflauf
Kartoffeln sind doch immer lecker

- **1 kg** Pellkertoffeln
- ✔ Knoblauch
- **1 Be** Crème fraîche
- ✔ Milch
- ✔ Salz & Pfeffer
- **150 g** Gouda, raspeln

Kartoffeln schälen und in Scheiben schneiden. In eine mit Knoblauch ausgeriebene, gefettete Auflaufform schichten. Crème fraîche mit Milch, Pfeffer und Salz verrühren und über die Kartoffeln geben.
Backzeit: 20 Minuten bei 200°C Umluft

Gouda über den Auflauf geben und noch einmal 10 Minuten überbacken.
Tipp: Dazu Spießbraten und Salat servieren.

Ewigkeitssonntag in Abakan (mittleres Sibirien)

Schon lange vorher haben uns Menschen gefragt: "Wann genau ist Ewigkeitssonntag?" In einem kirchlich kaum geprägten Land, in dem allenfalls orthodoxe Bräuche bekannt sind, ist das ein wichtiger Tag. In der orthodoxen Kirche werden verschiedene Tage besonders wahrgenommen, der neunte, der vierzigste Tag nach dem Todestag, das alles sind große Gedenktage, da nimmt sich unser Ewigkeitssonntag, verhältnismässig bescheiden aus. Wie also diesen Tag begehen? Wir haben einige Elemente aufgenommen, die auch aus Deutschland bekannt sind: Das Anzünden von Kerzen für jeden Verstorbenen, das Verlesen des Namens, das stille Gedenken. Zudem haben wir angefangen an diesem Tage Abendmahl zu feiern. Wenn Jesus uns an seinen Tisch einlädt, dann sind da alle vereint, die Sichtbaren und die Unsichtbaren, die Lebenden und die Toten. Der Tisch, der bei uns in Abakan anfängt, reicht weiter, zu den Menschen, die fern sind von uns, bis buchstäblich in die Ewigkeit. Auch unsere Verstorbenen sitzen heute mit an dieser Tafel, wir dürfen uns am Tisch des Herren alle vereint wissen.

In unserem Kontext hat dieses Mahl noch eine weitere Bedeutung: In der orthodoxen Tradition fahren die Angehörigen am neunten und am vierzigsten Tag auf den Friedhof und bereiten für den Verstorbenen ein Festessen. Ans Grab werden verschiedene Speisen und Getränke gestellt, um dem Verstorbenen zu gedenken und seiner Seele Nahrung zu geben. Uns sind solche Gedanken fremd, wir Lutheraner erkennen die Unumstößlichkeit des Todes an. Im Abendmahl aber freuen wir uns an der Einheit mit unseren Verstorbenen und daran, dass Gott auch sie mit dem „Brot des Lebens" und dem „Kelch des Heiles" stärken will. So essen auch unsere Verstorbenen, aber eben schon von dem Brot, das über die Welt hinaus weist.

Stefanie und Michael Fendler, Abakan/Sibirien

Ewigkeitssonntag

Königsberger Klopse für 6 Personen
Vater und Opa stehen voll darauf

- **5 Scheiben** Toastbrot
- **1/8 l** Milch
- **1 kg** Kalbshack
- **2** Eier
- ✔ Salz & Pfeffer
- **1** Zwiebel
- **1** Lorbeerblatt
- **2** Nelken
- **1/2** Zitrone, geschält
- **3 l** Gemüsebrühe
- **1/4 l** Sahne
- **50 g** Butter
- **40 g** Mehl
- **2 EL** Zitronensaft
- **50 g** Kapern
- **1 EL** Zitronenschale, abgerieben
- **1/2 Bd** glatte Petersilie, gehackt

Toastbrot würfeln und mit der Milch verkneten. Hack und Eier zugeben, salzen und pfeffern und mit den Knethaken zu einem glatten Teig verarbeiten. Mit feuchten Händen 20 KLopse formen. Zwiebel schälen, das Lorbeerblatt mit den Nelken daranstecken. Zwiebel und Zitrone in der Brühe aufkochen und die Klopse mit einer Schaumkelle hineingeben. Bei milder Hitze 20 Minuten offen kochen. Die Bällchen herausnehmen und warm stellen. Brühe durch ein Sieb gießen und auffangen, 800 ml davon abmessen. Sahne mit der Brühe verrühren. Butter im Topf schmelzen, das Mehl zugeben und unter Rühren anschwitzen. Sahne-Brühe-Mischung in dünnem Strahl mit einem Schneebesen in die Mehlschwitze einrühren. 2 Minuten offen kochen, mit Salz, Pfeffer und Zitronensaft würzen. Die Klopse in die Sauce geben, 3 Minuten offen kochen, dann die Kapern und die Zitronenschale zugeben. Petersilie hacken und die Klopse damit bestreuen.

Tipp: Dazu passen Salzkartoffeln.

Wurst-Zwiebelpfanne
Eine leckere Variante

- **3 EL** Öl
- **500 g** Zwiebeln
- **375 g** Fleischwurst
- **1 Ds** Champignons (Einwaage ca. 230 g)
- **1/8 l** Weißwein oder Brühe
- ✔ Salz & Pfeffer
- ✔ Cayennepfeffer
- ✔ Basilikum
- **1 Bd** Petersilie, gehackt

Zwiebeln schälen und in Ringe schneiden. Von der Fleischwurst die Haut abziehen und in Streifen schneiden. Beides in Öl leicht anbraten. Halbierte Champignons und Wein (Brühe) zugeben, ebenfalls die Gewürze. 10 bis 15 Minuten bei schwacher Hitze garen. Zum Schluss mit gehackter Petersilie bestreuen.

Paprika-Gemüse-Pfanne
Gemüse kann so lecker sein

- 2 rote Paprikaschoten
- 2 Stangen Porree
- 200 g Maiskörner
- 120 g Cervelatwurst
- 8 kleine Eier
- ✔ Salz
- ✔ weißer Pfeffer
- ✔ Paprika, edelsüß
- ✔ Butter

Paprika und Porree putzen und waschen, in Streifen bzw. Ringe schneiden. Den Mais im Sieb abtropfen lassen. Wurst in Streifen schneiden. Eier verquirlen und mit Salz, Pfeffer und Paprika würzen. Butter in einer großen beschichteten Pfanne erhitzen. Paprika, Porree und Mais ca. 10 Minuten andünsten. Wurst hinzufügen und kurz anbraten. Alles herausnehmen. Anschließend die Eier in die Pfanne gießen. Gemüse und Wurst darauf verteilen.

Bei schwacher Hitze in der geschlossenen Pfanne gut 15 Minuten stocken lassen.

Kuchen mit Schinken und Oliven
Kalte Küche - für 8 Personen

- 250 g Mehl
- 200 g gekochten Schinken

100 g	Greyerzer, gerieben
50 g	grüne Oliven, ohne Stein
50 g	schwarze Oliven, ohne Stein
4	Eier
15 cl	trockener Weißwein
6 EL	Öl
1 Pg	Backpulver
1 TL	Salz & Pfeffer
✔	Butter oder Margarine zum Einfetten

Schinken würfeln. Eier aufschlagen und mit Öl verrühren. Mehl, 1 TL Salz und Pfeffer vermischen. In die Mitte eine Vertiefung drücken und die verrührten Eier mit Öl hineingeben. Backpulver und Weißwein verrühren. Alles mit einem Spatel/Löffel/Knethaken bearbeiten, bis ein homogener Teig entsteht. Den Backofen auf 210°C vorheizen.
Den gewürfelten Schinken, grüne und schwarze Oliven und geriebenen Greyerzer dem Teig hinzufügen.
Eine längliche Backform (ca. 24 cm) fetten und mit Mehl bestäuben, dann den Teig einfüllen.

Backzeit: 10 Minuten bei 210°C, dann die Temperatur auf 180°C reduzieren und weitere 25-30 Minuten

Den fertigen Kuchen aus der Form nehmen und auf einem Gitter auskühlen lassen.

Variationen: Anstelle des gekochten Schinkens kann man auch Fleischwurst nehmen sowie nur grüne Oliven.

Schwäbischer Geburtstagsgruß:

Mir wensche dr zom Geburtsdag heit:
A Gugg randvoll mit Säligkeit.
En Blüataboom zom dronterliega
ond Flügl zom en d' Wolka fliega.
Gsondheit amma langa Fada,
en Kübl Hoffnung zom dren bada.
Zwoi weitausgschreckte Ärm voll Fraid,
a Quentle Bodaschtändichkait
ond viel, viel Liabe, diaf wia a See,
des wensche mir dir ond no viel meh.

(Verfasser unbekannt)

Schwäbischer Geburtstagsgruß auf hochdeutsch:

Wir wünschen dir zum Geburtstag heut':
Eine Tüte randvoll mit Seeligkeit.
Einen Blütenbaum zum darunter liegen
und Flügel um in die Wolken zu fliegen.
Gesundheit an einem langen Faden,
eine Wanne Hoffnung, um darin zu baden.
Zwei weit ausgestreckte Arme voller Freud',
ein klein wenig Bodenständigkeit
und viel, viel Liebe, so tief wie das Meer,
das wünschen wir dir und noch viel mehr!

Geburtstag

Eine Ansammlung typischer peruanischer Rezepte für jeweils vier Personen.

Papas a la Huancaína
Vorspeise: Kartoffeln mit Soße á la Huancaína

1 kg	feste Kartoffeln
2 EL	Öl
1/2 kg	Frischkäse
6	gelbe Chilischoten
300 g	Sodakekse
1/2 Tasse	Kondensmilch
✔	Salz & Pfeffer
100 g	schwarze Oliven
3	Eier, hartgekocht
1 Kopf	Salat

Für die Soße die Kerne aus den Chilischoten gut entfernen. Dann die Schoten zusammen mit dem Käse, der Milch, den Sodakeksen und dem Öl im Mixer pürieren, mit Salz und Pfeffer abschmecken.
Die Kartoffeln kochen. Die geschälten und erkalteten Kartoffeln in dicke Scheiben schneiden und in vier mit Salatblättern ausgelegten flachen Tellern anrichten. Die Chilisoße darüber geben und mit den geviertelten Eiern und den kernlosen schwarzen Oliven dekorieren.

Lomo saltado
Hauptgericht: Filetspitzen nach peruanischer Art

- **1/2 kg** Rindfleischfilet
- **3** Zwiebeln
- **3** Tomaten
- **2** Knoblauchzehen
- **5 EL** Sojasoße
- ✔ Thymian
- ✔ Oregano
- ✔ Salz & Pfeffer
- **1 kg** Kartoffeln

Das Fleisch in Streifen schneiden, mit Salz, Pfeffer und Knoblauch würzen. In einer großen Pfanne das Fleisch anbraten und danach aus der Pfanne nehmen. Die Zwiebeln und Tomaten in breite Längsstreifen schneiden. Die Zwiebeln anbraten. Wenn sie glasig gedünstet sind, die Tomaten zugeben und kurz mitbraten. Mit den Gewürzen Salz und Pfeffer abschmecken.
Die Kartoffeln schälen und zu Pommes Frites schneiden. Diese in der Friteuse oder reichlich Fett ausbacken und im heißen Ofen bereithalten. Zehn Minuten vor dem Servieren die Pommes Frites erneut im heißen Fett ausbacken, bis sie goldbraun sind. Die Kartoffeln unter das Fleisch und Gemüse mischen.
Mit körnigem weißen Reis servieren.

Griechischer Nudelauflauf
Dazu griechischer Wein

1 kg	Nudeln (Makkaroni)
1 kg	Hackfleisch
2	große Zwiebeln, fein geschnitten
2 Tassen	Tomaten, klein schneiden
1/2 Tasse	Öl
1 Tasse	Butter
1 Tasse	Milch
10 Tassen	Mehl
8	Eier
3 Tassen	Käse, gerieben
1/2 Tasse	Butter (für die Nudeln)
✔	Salz & Pfeffer

Das Hackfleisch mit den Zwiebeln und sehr wenig Wasser in einen Topf geben. Auf schwacher Flamme erhitzen und mehrmals umrühren, bis die Flüssigkeit aufgesogen ist. Anschließend das Öl zufügen, das Hackfleisch mit Salz und Pfeffer würzen und anbraten. Die Tomaten zugeben und die Mischung auf schwacher Flamme kochen.

In einem großen Topf das Nudelwasser aufsetzen. Wenn es kocht, die Nudeln und Salz zugeben. Die Makkaroni nicht zu weich kochen, abseihen und abtropfen lassen. Die halbe Menge Makkaroni in eine eingefettete Auflaufform füllen und mit geriebenen Käse bestreuen. Darüber das Hackfleisch in einer gleichmäßigen Schicht verteilen. Dann die restlichen Nudeln über das

Hackfleisch geben, mit geriebenen Käse bestreuen und mit einer halben Tasse Butter bestreichen.

Die Creme (Bechamelsoße) auf folgende Weise zubereiten: 1 Tasse Butter schmelzen. Wenn sie heiß ist, das Mehl zufügen und die Mischung mit einem hölzernen Kochlöffel durchrühren. Danach unter ständigem Umrühren die Milch, den Käse (2 EL zurückbehalten) und etwas Salz zugeben. Wenn die Creme gleichmäßig eingedickt ist, von der Flamme nehmen. Die Eier verquirlen und in die Soße einrühren. Die Creme gleichmäßig über den Auflauf gießen und mit den restlichen 2 EL geriebenen Käse bestreuen, dadurch wird die Kruste der Creme knusprig.
Backzeit: 30-40 Minuten bei mittlerer Hitze Umluft
Hinweis: Die Menge der Zutaten sind für eine große Form oder eine Fettpfanne des Backofens berechnet.

Kirschjoghurt - Likör
Auch nicht schlecht...

- **250 ml** Kirschsaft
- **100 ml** Korn
- **100 ml** Sahne
  - **1 Gl** Rum (Schnapsglas)
  - **1 Be** Sahne-Kirschjoghurt
  - ✔ Zucker nach Geschmack
  - **1 Pg** Vanillinzucker

Alle Zutaten gut verrühren, kalt servieren.

Rote Linsensuppe
Kann zur Lieblingssuppe werden

1	große Zwiebel
2	Möhren
60 g	Butter
200 g	rote Linsen
1 1/8 l	Gemüsebrühe
	✔ Salz, weißer Pfeffer (frisch gemahlen)
1 EL	Zitronensaft
200 g	Naturjoghurt
2 Scheiben	Toastbrot
2-3 TL	Paprikapulver (Rosenscharf)

Zwiebeln und Möhren fein würfeln. 1 Esslöffel Butter erhitzen, Gemüse unterrühren und dünsten. Linsen dazugeben und kurz anbraten.

Brühe dazu gießen und zum Kochen bringen. Suppe salzen und pfeffern, zugedeckt bei mittlerer Hitze etwa 20 Minuten garen, bis die Linsen weich sind.

Suppe mit dem Pürierstab im Topf pürieren. Zitronensaft und Joghurt unterrühren. Die Suppe abschmecken.

Brot in Würfel schneiden und in 30 g Butter goldbraun braten. Die übrige Butter mit Paprikapulver in einem Pfännchen zerlassen.

Jede Portion Suppe mit einigen gerösteten Brotwürfeln und etwas Paprikabutter garnieren und servieren.

Savoury Pie
Aus der Springform

500 g	Hack
1	Tomate
220 g	Mehl
2 TL	Backpulver
110 g	Butter
25 g	Gouda, gerieben
1/2 Tasse	Wasser
1 Pg	Frühlingssuppe

Butter ins Mehl und Backpulver kneten bis es krümelt. Etwas Milch zugeben, so dass ein Teig entsteht, den man gut ausrollen kann. Den Teig in eine Springform drücken. Hackfleisch mit der Suppe und dem Wasser mischen und auf dem Teig verteilen. Tomaten in Scheiben schneiden und Fleisch damit dekorieren. Geriebenen Käse darüber streuen.

Backzeit: 30 Minuten bei 175°C Umluft

Savoury Tart
Auch nicht schlecht

5-6	Würstchen, klein schneiden
✔	Gouda, gerieben
1	Zwiebel, würfeln
3	Eier

1 Tasse Milch
1 EL Mehl

In eine flache feuerfeste Schüssel eine Lage geschnittene Würstchen geben. Geriebenen Käse darüber streuen. Gewürfelte Zwiebel darauf legen. Eier, Milch und Mehl miteinander verrühren und über die Würstchen gießen.

Backzeit: 20 Minuten bei 200°C Umluft

Käsekartoffeln
Beim Grillen ausprobieren

✔ Kartoffeln
✔ Salz & Pfeffer
120 g Gouda
40 g Butter

Die Kartoffeln in Salzwasser gar kochen, abgießen, trockendämpfen, damit die Kartoffeln nicht platzen. Das obere Drittel abschneiden, die Kartoffeln aushöhlen. Den Gouda fein reiben, mit der Kartoffelmasse und der Butter verrühren, würzen. Die Kartoffel-Käsemasse wieder in die Kartoffeln füllen, diese in Alufolie wickeln und 10 bis 15 Minuten auf den heißen Grillrost legen.

Soljanka
Das deftige Original

3	Zwiebeln, in Ringe schneiden
40 g	Margarine
3 EL	Tomatenmark
1 1/2 l	Brühe
✔	Bratenreste
2 Scheiben	Kassler oder Schinken
2	Saure Gurken
✔	Zitronenscheiben
✔	Saure Sahne
3	gekochte Kartoffeln

Die Zwiebelringe in der Margarine goldgelb braten, Tomatenmark und Brühe auffüllen. Bratenreste, Kartoffeln, Gurken, Kassler in Streifen schneiden und zur Suppe geben. Alles gut durchkochen lassen. Mit Zitronenscheiben und saurer Sahne anrichten.

Party-Pizza
Zwei Teigvarianten zur Wahl

Einfacher Pizza-Bier-Teig:
- 500 g Mehl
- 1 Fl Bier (0,33 l)
- 1 TL Salz
- 1 Pg Backpulver

Alle Zutaten in eine Schüssel geben und durchkneten. Den Teig auf ein gefettetes Backblech geben und nach eigenem Geschmack belegen.

- 1 Ds Mais
- 3 Tomaten
- 500 g Hackfleisch
- 1 Ei
- ✔ Tomatenmark
- 150 g Quark
- 7 EL Milch
- 7 EL Öl
- 300 g Mehl
- 1 Pg Backpulver
- 1 TL Salz
- ✔ Thymian
- ✔ Basilikum
- ✔ Oregano

Den Quark, die Milch, das Öl , das Mehl , das Backpulver und das Salz zu einem Teig verrühren.
Die Tomaten in kleine Würfel schneiden und mit dem

Mais, dem Hackfleisch, dem Ei und den Gewürzen zu einer Masse kneten. Das Backblech mit Öl einpinseln und den Teig auf dem Blech ausrollen. Den Teig mit Tomatenmark einstreichen und die Tomaten Masse drauf verteilen.

Backzeit: 25 Minuten bei 200° C Umluft

Mexikanischer Schichtsalat
Für die Party nach der Schicht

1	Eisbergsalat
500 g	Hackfleisch
1 Fl	Salsasoße
4	Tomaten
2 Be	Schmand
1 Be	Joghurt
200 g	Gouda
1 Tüte	Tortilla

Den Eisbergsalat in feine Streifen schneiden und in eine Schüssel geben. Das Hackfleisch anbraten, abkühlen lassen und über den Salat verteilen. Darüber die Flasche Salsasoße gießen. Die Tomaten würfeln und als nächste Schicht in die Schüssel geben. Schmand und Joghurt miteinander verrühren und darüber streichen. Den Gouda reiben und darüber streuen. Die Tortillas noch in der Tüte zerbröseln und kurz vor dem sevieren über den Salat streuen.

Linguine mit Parmaschinken
Und dann Parmesan darüber

- **500 g** Linguine (extra-schmale Bandnudeln)
- **8** dünne Scheiben Parmaschinken
- **400 g** Pfifferlinge
- **300 g** Kirschtomaten
- **2 Bd** Rucola
- **50 g** Parmesankäse am Stück
- **5 EL** Olivenöl
- **1/2** Zitrone, auspressen
- ✔ Pfeffer aus der Mühle
- ✔ Salz

Die Nudeln nach Packungsanweisung in Salzwasser „al dente" kochen. Parmaschinken in Streifen schneiden. Pfifferlinge putzen und in mundgerechte Stücke schneiden. Kirschtomaten waschen und halbieren. Rucola waschen, trockenschleudern und in kleine Blättchen zupfen. Den Parmesankäse mit einem Gemüseschäler in dünne Späne hobeln. Parmaschinken in einer beschichteten Pfanne in 1 EL Öl kross braten, herausnehmen, warm stellen. Pfifferlinge sowie 3 EL Öl ins Bratfett geben, kräftig anbraten. Mit Zitronensaft, Salz und Pfeffer würzen und herausnehmen. Die Tomaten in restlichem Öl anbraten, Rucola hinzufügen, einmal kurz darin schwenken. Die Nudeln abtropfen lassen und in eine große (vorgewärmte) Schüssel füllen. Sofort Schinkenstreifen, Pilze und Tomaten untermengen, die Pasta nach Bedarf mit Salz und grob gestoßenem Pfeffer nachwürzen. Parmesankäse darüber streuen.

Phantasia-Salat

Den gab es bei Maike

    1 Ds Kidneybohnen
    1 Ds Mais
       2 rote Paprikaschoten
200 g rote Zwiebeln
350 g Tomaten

Kidneybohnen und Mais abtropfen lassen.
Paprikaschoten halbieren, weiße Trennwände entfernen, vierteln, waschen und in feine Streifen schneiden.
Zwiebeln in feine Ringe schneiden, Tomaten achteln.
Das Gemüse in die Marinade geben, vorsichtig umrühren, gut durchziehen lassen.

Marinade:

    4 EL Essig
    3 EL Öl
    2 TL Salz, gestrichen
    1 TL Zucker, gestrichen
       ✔ Pfeffer

Alle Zutaten für die Marinade miteinander verrühren.

Überbackene Koteletts
Da wartet man gerne den Ofen ab

- 4 Kammkoteletts
- ✔ Salz & Pfeffer
- ✔ Butter oder Margarine zum Braten
- 40 g Mehl
- 250 ml Milch
- ✔ Salz
- ✔ Muskatnuss
- ✔ Fondor
- 2 EL Sahne
- 1 Eigelb
- 30 g Parmesan
- 150 g Schinken
- 200 g Champignons
- 1 Pg TK-Kräuter (8-Kräuter)

Die Koteletts am Rand einschneiden und schwach klopfen, mit Salz und Pfeffer würzen und in heißer Margarine wie gewohnt braten. Auf eine feuerfeste Platte legen und warm halten. Die Champignons achteln, Schinken in Würfel schneiden. Champignons in Butter anschwitzen. Wenn der Saft verdampft ist, mit Mehl bestäuben. Mit Milch zu einer dicken Soße aufkochen. Mit Salz, Muskatnuss und Fondor abschmecken. Schinken und Parmesan darunter mischen. Eigelb und Sahne verquirlen und in die nicht mehr kochende Soße zusammen mit den 8-Kräutern einrühren. Abkühlen lassen. Die Mischung über die gebratenen Koteletts verteilen und im vorgeheizten Backofen goldgelb überbacken.

Amazing raisin cake
Einfach mal probieren

1 Tasse	Mayonnaise
1 1/2 Tassen	Zucker
2	Eier
10 ml	Kaiser Natron
90 ml	Milch
3 Tassen	Mehl
7 g	Zimt
2 g	Muskatnuss
2 g	Nelken
3 g	Salz
3 Tassen	gewürfelte Äpfel
1 Tasse	Rosinen
1 Tasse	Walnüsse
1 Be	Sahne

Zuerst schlage man die Mayonnaise mit dem Zucker. Die Eier werden nach und nach zugegeben. Kaiser Natron in der Milch auflösen und zufügen. Das Mehl, die Gewürze und das Salz in die obige Masse hineinsieben und umrühren. Nun werden die Äpfel, Rosinen und Walnüsse untergehoben. Die Masse in eine 28 cm gefettete Springform geben.

Backzeit: 45-50 Minuten bei 180°C Umluft.

Chili-Con-Carne-Auflauf mit Kartoffeln
So wird der Geburtstag ein Hit

- 500 g Hackfleisch
- 500 g Kartoffeln
- ✔ Salz & Pfeffer
- 300 g Möhren
- 1 Ds Tomaten (850 ml)
- 1 kleine Gemüsezwiebel
- 1 Chilischote
- 2 EL Öl
- 1 EL Majoran, getrocknet
- 1 Ds Kidney-Bohnen (425 ml)
- 50 g Gouda
- 150 g Crème fraîche

Kartoffeln schälen, der Länge nach vierteln und im kochenden Salzwasser ca. 15 Minuten garen. Anschließend abtropfen lassen. Möhren fein würfeln. Tomaten aus der Dose zerkleinern. Zwiebel würfeln. Chilischote längs aufschneiden, entkernen und hacken. Öl in einem Topf erhitzen. Zwiebel- und Möhrenwürfel darin andünsten. Hack zufügen. Mit Salz, Pfeffer und Majoran würzen. Unter Wenden ca. 10 Minuten kräftig anbraten. Kartoffeln, Bohnen, Tomaten und die gehakkte Chilischote zufügen. 5 Minuten köcheln. Chilli nochmals abschmecken und in eine ofenfeste Form füllen. Käse darüber reiben.

Backzeit: 10 Minuten bei 200°C Umluft - vorgeheizt
Crème fraîche extra dazu reichen.

Schmandpudding
Der Renner in unserer Familie

    2 Be Schmand
    3 EL Zitronensaft
 100 g Zucker
    1 Be Sahne
4 Blatt Gelatine
    1 Pg TK-Himbeeren

Schmand, Zitronensaft und Zucker gut miteinander verrühren. Sahne schlagen und unter die Schmandcreme heben. Gelatine auflösen und einrühren.

Den Pudding kalt stellen.

1 Packung gefrorene Himbeeren auftauen, pürieren und über die Creme geben.

Tipp: Etwas Creme in die aufgelöste Gelatine geben und verrühren und sofort unter die Puddingmasse rühren - so klumpt die Gelatine nicht.

Reitersuppe
Für ca. 16 Personen

- **2 kg** Mett
- **7** große Zwiebeln
- **4 Ds** Ochsenschwanzsuppe
- **1 Fl** Tomatenketchup (450 ml)
- **350 g** Tomatenmark
- **1 Ds** Ananas mit etwas Saft (Saftrest aufheben zum abschmecken)
- **3 Gl** Paprika mit Saft
- **3 Ds** Pilze mit dem Saft einer Dose
- **1 Gl** Gewürzgurken, gewürfelt
- ✔ Salz & Pfeffer
- ✔ Paprika
- ✔ Curry
- ✔ Tabasco

Mett und Zwiebeln scharf anbraten.
Alle Zutaten dem Mett hinzufügen und in einem Topf gut durchkochen lassen und mit Salz, Pfeffer, Paprika, Curry und Tabasco abschmecken.

Am besten morgens kochen, stehen lassen und abends servieren.

Hack-Blechkuchen
Zutaten für 16 Stücke

- **2** Brötchen vom Vortag
- **2** Knoblauchzehen
- **3** Zwiebeln
- **1/2 Bd** Oregano
- **1,25 kg** Mett
- **2** Eier
- **1 Be** Crème fraîche (150 g)
- ✔ Salz & Pfeffer
- **300 g** Tomaten
- **250 g** Gouda
- ✔ getrocknete Kräuter der Provence

Brötchen einweichen. Knoblauch, Zwiebeln und Oregano fein hacken. Mit Hackfleisch, Eiern, ausgedrückten Brötchen und Crème fraîche vermengen. Mit Salz und Pfeffer würzig abschmecken. Auf ein gefettetes Blech streichen.

Tomaten waschen und in Scheiben schneiden, Hackmasse damit belegen. Käse reiben und über die Tomaten verteilen, mit getrockneten Kräutern bestreuen.

Backzeit: Ca. 45 Minuten bei 175°C Umluft - vorgeheizt

Bunter Curry-Reis-Salat
Viele bunte Sachen.....

150 g	Reis
1 Gl	Majonnaise
1/2 Tasse	Milch
✔	Essig
✔	Salz & Pfeffer
2	große Zwiebeln
2 EL	Öl
1-2 TL	Curry
250 g	Schinkenwurst
2	Äpfel
2	Bananen
2	Gewürzgurken
1	grüne Paprika

Den Reis garen und in eine Schüssel geben. Mayonnaise, Milch, Salz, Essig und Pfeffer verrühren und über den Reis geben. Die Zwiebeln würfeln, im Öl andünsten, das Currypulver darüber geben und mit dem Reis vermischen. Die anderen Zutaten fein würfeln und unter den Salat heben. Nochmals abschmecken.

Saftige "Schnitzel-Pizza"
Für 6 Personen

- **6** Schweineschnitzel (à ca. 150 g)
- **500 g** Schweinemett
- **2-3** Gemüsezwiebeln
- ✔ Fett für die Fettpfanne
- **1 Stange** Lauch
- **4** große Tomaten
- **1 Ds** Champignons in Scheiben (850 ml)
- **1/2 Bd** Petersilie
- **1 Bd** Schnittlauch
- ✔ Salz & weißer Pfeffer
- **12 Scheiben** Toast-Schmelzkäse oder Gouda (à 25 g)
- **400 g** Sahne
- **1 Pg** Delikatess-Pfeffersoße (für 1/4 l Wasser)
- **1 Pg** Delikatess-Rahmsoße (für 1/4 l Wasser)

Zwiebeln schälen und in Ringe schneiden. Eine gefettete Fettpfanne damit auslegen. Lauch und Tomaten putzen, waschen. Lauch in Ringe, Tomaten in Scheiben schneiden. Pilze abtropfen lassen. Kräuter waschen. Petersilie hacken und Schnittlauch in Röllchen schneiden. Schnitzel evtl. waschen, trockentupfen und würzen. Schnitzel auf die Zwiebeln legen, Mett darauf verteilen. Mit Lauch, Tomaten, Pilzen und der Hälfte der Kräuter belegen. Alles mit Käse bedecken.
Backzeit: 30 Minuten bei 225°C Umluft - auf unterster Schiene
Sahne mit beiden Soßenpulvern verrühren und 10 Minuten vor Ende der Garzeit über die Schnitzel gießen. Mit dem Rest der Kräuter bestreuen.

Französischer Reissalat
Ein Muss für jeden Reisliebhaber

150 g	Langkornreis
✔	Salz
3/8 l	Wasser
1/2	Salatgurke
1 Bd	Radieschen
250 g	Tomaten
75-100 g	Roquefort (Castello blue oder ähnlichen)
1 Be	Saure Sahne
1-2 EL	Zitronensaft
✔	Salz & Pfeffer
1/2 TL	Senf
1/2 TL	Meerrettich
1 Bd	Schnittlauch

Reis in kochendes Salzwasser geben, ca. 20 Minuten auf niedrigster Stufe ausquellen lassen, abschrecken und auskühlen lassen. Salatgurke und Radieschen in feine Scheiben schneiden, Tomaten achteln. Roquefort durch ein Sieb streichen, mit Saurer Sahne verrühren, mit den Gewürzen abschmecken. Soße mit den Salatzutaten mischen und durchziehen lassen, mit Schnittlauch bestreut servieren.

Fruchtiger Wurstsalat
Tolle Kombination

- **1 Ds** Ananas in Stücken (445 ml)
- **1 Ds** Champignons (ganze Köpfe)
- **1 Bd** Lauchzwiebeln
- **600 g** Brühwurstaufschnitt (nicht zu dünn)
- **1 Kopf** Eisbergsalat
- **225 g** Mayonnaise
- **150 g** Naturjoghurt
- **2 EL** Essig
- ✔ Salz & Pfeffer
- ✔ Petersilie

Ananas abtropfen lassen und den Saft auffangen. Pilze abtropfen lassen und je nach Größe halbieren oder vierteln. Lauchzwiebeln putzen, waschen und in feine Ringe schneiden. Aufschnitt in grobe Streifen schneiden. Alle Zutaten in eine Schüssel füllen. Für die Salatsoße Mayonnaise, Joghurt und Essig verrühren. Mit Salz, Pfeffer und Ananassaft abschmecken. Petersilie waschen, hacken und unter die Salatsoße rühren. Über die Salatzutaten geben, durchrühren und gut durchziehen lassen.

Spaghetti-Thunfisch-Salat
Darf es ein wenig mehr sein

- **250 g** Spaghetti, klein brechen
- **2 EL** Öl
- **2 EL** Milch
- **3 EL** Sojasoße
- **1 Gl** Miracel Whip
- **1 Ds** Thunfisch
- **1 Ds** Mais
- **6** Cocktailtomaten, vierteln
- **3** Paprika, gewürfelt
- ✔ Sojasauce
- ✔ Fondor
- ✔ Pfeffer

Knoblauchbrot
Selbstgemacht schmeckt immer besser

- **1** Stangenweißbrot
- **100 g** Butter
- **1** große Knoblauchzehe
- ✔ Salz

Das Stangenweißbrot seitlich aufschneiden und etwas auseinanderbiegen. Die Knoblauchzehe schälen, mit Salz zerdrücken und Butter untermischen. Diese Knoblauchbutter auf das Weißbrot streichen und etwa 10 Minuten unter den vorgeheizten Grill setzen. Es empfiehlt sich, das Weißbrot vorher in portionsstücke zu brechen.

Chili Paste
So bleibt der Durst nicht aus

- **1/2 kg** Chilis
- **8-10** Zwiebeln
- **10** Knoblauchzehen
- **350 ml** Öl
- **750 ml** Ketchup
- **500 g** Aprikosen Konfitüre

Chilis, Zwiebeln und Knoblauch zerkleinern. Mit dem Öl in einen Topf geben und kochen, bis die Zwiebeln weich sind. Ketchup und Konfitüre zufügen und nochmals aufkochen. In Flaschen geben und im Kühlschrank aufbewahren.

Hinweis: Sehr scharf, aber zu Gegrilltem super lecker.

Cocktailsalat
So bekommt man ruck zuck einen wunderbaren Salat

- **1 Ds** Cocktailfrüchte
- **500-700 g** Fleischsalat

Miteinander vermischen fertig.

Hefekuchenvariationen
So lecker schmeckt es nur bei Oma

Hefeteig:
- 1 Pg Trockenhefe
- 500 g Mehl
- 1/4 l warme Milch
- 75 g Zucker
- ✔ Salz
- 50 g Butter, zerlassen
- 1 EL Öl

Hefe, Mehl und warme Milch zu einem Teig verarbeiten und so lange gehen lassen, bis sich der Teig verdoppelt hat. Zucker, Salz, Butter und Öl hinzufügen, gut durchkneten und nochmals gehen lassen.

Schokoladenguss aus folgenden Zutaten herstellen:
- 5 EL Puderzucker
- 2 EL Kakao
- 1 Ei
- 1/2 Eierschale Milch
- 5 Ecken zerlassenes Palmin

Mohn-Pudding-Belag:
- 1 Pg Mohn

mit etwas Wasser so lange aufkochen, bis das Wasser verkocht ist. Den Mohn etwas abkühlen lassen, dann
- 1/2 Milch
- 3 EL Zucker
- 1 Pg Vanillepuddingpulver, kurz aufkochen

Nuss-Butter-Belag:
1-1 1/2 Pg gemahlene Haselnüsse
mit Zucker (nach Belieben) vermengen, auf den Kuchen
geben und mit ordentlich Butterflöckchen belegen.

Stachelbeer-Pudding-Belag:
    1 Pg Vanillepudding mit etwas weniger als
    1/2 l Milch und
    3 EL Zucker kochen, etwas abkühlen lassen und
auf den Kuchen streichen.
    1 Pg Vanillepudding mit etwas Stachelbeersaft und
    3 EL Zucker anrühren.
    1 Gl Stachelbeeren aufkochen lassen, den ange-
rührten Pudding unterrühren und nochmals aufkochen
lassen. Die Masse auskühlen lassen und auf den Kuchen
Streichen.

Quarkmasse für Omis Hefekuchen:
    500 g Magerquark
    200 g Zucker
    1 Pg Vanillinzucker
    3 Eigelb
    1 Pg Vanillepudding
    1/2 l Milch
    3 Eiweiß

Milch, 3 EL Zucker und 1 Pg Vanillepudding kochen und
abkühlen lassen.

Magerquark, Zucker, Vanillinzucker und Eigelb schlagen,
anschließend den Vanillepudding unterrühren. Eiweiß

steif schlagen und unter die Masse heben. Die Quarkmasse auf den Kuchen streichen.

Backzeit für Hefekuchen: 30 Minuten bei 200°C - Ober-/Unterhitze

Wichtiger Hinweis:
Schokoladenguss, Stachelbeer-Pudding-Belag und Quarkmasse müssen gleich mitgebacken werden. Schokoladenguss und Stachelbeer-Pudding-Belag werden auf den ausgekühlten Hefeteig gestrichen.

Hackfleischpizza
Der Klassiker

- **1 kg** Schweinemett
- **1 Ds** Mais
- **1 Gl** rote Paprika
- **1** grüne Paprika, klein schneiden
- **3 Gl** Champignons
- **1 Fl** Zigeunersoße

Schweinemett, Mais und Paprika gut durchmengen und auf ein gefettetes Backblech geben.

Backzeit: 20 Minuten bei 180°C bis 200°C Umluft - vorbacken

Die Pilze auf die vorgebackene Pizza verteilen und mit Zigeunersoße übergießen und nochmals 10 bis 15 Minuten backen.

Bunter Balkansalat
Schmeckt nicht nur zum Geburtstag

5	Tomaten
1/2	Salatgurke
3	Paprikaschoten
2	Zwiebeln
1 Kopf	Salat
3 EL	Öl
4 EL	Essig
1 EL	Wasser
✔	Petersilie
✔	Schnittlauch
3 TL	Hefe
✔	Süßstoff
100 g	Schafskäse
✔	schwarze Oliven
100 g	Maiskörner

Tomaten und Gurken waschen und in Scheiben schneiden. Paprikaschoten halbieren, die weißen Trennwände entfernen, waschen und in Streifen, Zwiebeln in Ringe schneiden. Kopfsalat vorbereiten. Alle Zutaten mit Oliven und Maiskörnern mischen. Aus Öl, Essig, Kräutern und Hefe eine Salatsauce bereiten, mit Süßstoff (oder Zucker) abschmecken. Die Sauce über den Salat gießen, den Schafskäse darüber bröckeln. Sofort servieren. Weißbrot dazu.

Barbecue Sauce
So wird das Grillfleisch doppelt lecker

   50 ml Zwiebeln, fein gehackt
12,5 ml Öl
    2 ml Senf
12,5 ml Rohrzucker
12,5 ml Zitronensaft
12,5 ml Essig
12,5 ml Worcester Sauce
    1 g Salz
    1 g Cayennepfeffer
  25 ml Chutney
  25 ml Ketchup

Zwiebeln in dem Öl glasig dünsten. Die restlichen Zutaten untermischen und kurz aufkochen. Kalt zu Rind, Schwein, Huhn oder Lamm servieren.
Ergibt ca. 125 ml.

Feuerpizza

Sollte man mindestens einmal ausprobieren

- **150 g** Quark
- **6 EL** Öl
- **6 EL** Milch
- **300 g** Mehl
- **1 Pg** Backpulver

Alle Zutaten zu einem glatten Teig kneten und Kugeln von 100 g formen. Ergibt ca. 5-6 Kugeln.
Wenn man nichts anderes dazu isst, schaffen einige Kinder auch 2 Pizzen. Je nach Familiengröße ist dann 2x das Rezept erforderlich.

Die Teigkugel wird dünn ausgerollt und auf ein nicht zu kleines, gut mit Öl eingefettetes Stück Alufolie gelegt. Jetzt wird eine Teighälfte nach Geschmack mit Zutaten belegt (Tomatensoße, Mais, Paprika, Pilze, Schinken, Thunfisch, Salami, Ananas, frische Tomaten oder was man sonst noch möchte). Als Abschluss geriebenen Gouda darüber streuen. Nun wird die andere Hälfte übergeklappt und fest angedrückt. Zum Schluss wird die Pizza fest in die Alufolie eingewickelt. Die fertige Pizza wird jetzt in die heiße Glut eines Lagerfeuers oder auf glühende Holzkohle gelegt. Jetzt heißt es gut aufpassen. Die Pizza muss jede Minute umgedreht und von beiden Seiten 3x gebacken werden (Also 5x wenden). Nun ist die Pizza fertig .
Tipp: Die Pizza kann zum Essen in eine Serviette gewickelt werden.

Staudenselleriesalat
Schnell serviert

1 Be	Crème fraîche
1 Be	Joghurt
2 EL	Zitronensaft
✔	Salz & Pfeffer
✔	Zucker
1 EL	Dill
2	Äpfel
250 g	gekochten Schinken
150 g	Emmentaler
400 g	Staudensellerie

Crème fraîche und Joghurt verrühren, mit den Gewürzen abschmecken. Geschälte Äpfel in dünne Stifte schneiden, in die Salatsoße geben. Schinken und Käse in Streifen schneiden, dazugeben. Staudensellerie evtl. von harten Außenstellen befreien bzw. schälen, in Streifen schneiden, zu dem Salat geben, gut durchziehen lassen und gekühlt servieren.

Wurstpfanne Stroganoff
Wirklich schmackhaft

500 g	Fleischwurst
1	große Zwiebel
200 g	frische Champignons
3	Gewürzgurken
3	Tomaten
3 EL	Öl
1 EL	Mehl
250 g	Sahne
100 ml	Weißwein
✔	Salz & Pfeffer
✔	Worcestersauce

Die Fleischwurst in Würfel schneiden. Die Zwiebel schälen und fein würfeln. Die Champignons putzen und in Scheiben schneiden. Die Gewürzgurken würfeln. Die Tomaten (evtl. enthäuten und entkernen) in Stücke schneiden. Die Fleischwurst in einer großen Pfanne scharf anbraten. Die Zwiebel mit anbraten, Champignons dazugeben, Gewürzgurken und Tomaten beigeben und alles gut durchschmoren. Mehl darüber streuen. Mit der Sahne ablöschen und den Weißwein dazugeben. Mit Salz, Pfeffer und Worcestersauce abschmecken.

Tipp: Dazu schmecken Nudeln oder Reis.

Hinweis: Wenn Sie möchten, können Sie die Sahne durch Saure Sahne bzw. Joghurt ersetzen.

Kasseler Hawaii vom Blech
Das schmeckt nach Urlaub

1 kg	Kasseler (vom Kamm, in 6-8 portionsgerechten Scheiben)
200 g	Zwiebeln
250 g	Champignons
1/2 Bd	Petersilie, gehackt
200 g	Sahne
250 g	Schmand oder Saure Sahne
✔	Pfeffer (weiß)
1 Ds	Ananas (446 ml, in Scheiben)
75 g	Gouda
2	Lauchzwiebeln

Zwiebeln schälen und in Spalten schneiden. Pilze putzen, waschen und in Scheiben schneiden. Petersilie waschen und hacken. Kasselerscheiben auf die Fettpfanne des Backofens legen. Pilze und Zwiebeln darauf verteilen. Sahne und Schmand verrühren. Mit Pfeffer würzen, Petersilie unterrühren. Über das Fleisch gießen und 4 bis 5 Stunden ziehen lassen.
Backzeit: 30 Minuten bei 175°C Umluft
Ananas abtropfen lassen, Käse grob reiben. Beides auf dem Fleisch verteilen. Bei gleicher Temperatur weitere 15 Minuten braten. Lauchzwiebeln putzen, waschen und in Ringe schneiden. Über das Fleisch streuen. Kasselerscheiben anrichten und evtl. mit Tomatenspalten und Petersilie garnieren.

Tipp: Dazu passt frisches Stangenweißbrot.

Schmandkuchen mit Kirschen
Aus der Grillpfanne

- **3/4 l** Milch
- **2 Pg** Vanillepudding
- **150 g** Zucker

Aus diesen Zutaten einen Pudding kochen und etwas abkühlen lassen, gelegentlich umrühren, damit sich keine Haut bildet.

- **200 g** Margarine
- **200 g** Zucker
- **4** Eigelb
- **1 Pg** Vanillinzucker
- **250 g** Mehl
- **1/2 Pg** Backpulver

Aus diesen Zutaten einen Rührteig herstellen und in eine ausgefettete Grillpfanne streichen.
Backzeit: 25 Minuten bei 175°C Umluft

- **400 g** Schmand
- **200 g** Saure Sahne
- **2** Eier

Schmand, Saure Sahne und Eier verrühren und den etwas abgekühlten Pudding unterrühren.
Den heißen Kuchen aus dem Backofen nehmen und die Puddingmasse darauf streichen und mit

- **1 Gl** abgetropften Sauerkirschen belegen.

Backzeit: Nochmals 25 Minuten bei 175°C Umluft
Nach dem Abkühlen den Kirschsaft auf einen 1/2 Liter mit Wasser ergänzen und mit

- **1 Pg** Fruttina-Kirsch-Wasserpudding

kochen und über den Kuchen gießen.

Räuberhackbraten
Für das Geburtstagskind

2	Brötchen (vom Vortag)
200 g	junger Gouda
4	Zwiebeln
3	Knoblauchzehen
2	rote Paprika
1 Gl	Champignons (360 g)
5 EL	Öl
1,2 kg	gemischtes Hackfleisch
4	Eier (Größe M)
1 EL	Paprika, edelsüß
1 EL	Paprika, scharf
✔	Salz
✔	frisch gemahlener Pfeffer
300 g	Speck, durchwachsen

Die Brötchen in kaltem Wasser einweichen. Den Käse würfeln. Die Zwiebeln und den Knoblauch abziehen und klein schneiden. Die Paprika vierteln, entkernen, die weißen Scheidewände entfernen, waschen und in kleine Würfel schneiden. Die Pilze abtropfen lassen und in dünne Scheiben schneiden. Das Öl in einer Pfanne erhitzen und die Zwiebeln mit dem Knoblauch darin andünsten. Die Paprikawürfel hinzufügen und ebenfalls mit andünsten. Anschließend die Pilze und den Käse unterheben. Die Brötchen gut ausdrücken und zusammen mit allen Zutaten zum Hackfleisch geben, mit den Eiern zu einem Teig verarbeiten und mit den Gewürzen abschmecken.

Den Speck in Scheiben schneiden. Die Hackfleischmasse zu einem Kloß formen und mit den Speckscheiben belegen. Das Ganze mit Küchengarn zusammenbinden, in eine Auflaufform geben und in den Backofen schieben. Nach und nach etwas Wasser hinzufügen.

Backzeit: 75 Minuten bei 160 °C Umluft

Kräuterkartoffeln
Die sind lecker

- ✔ Kartoffeln
- ✔ Salz & Pfeffer
- ✔ Paprika, edelsüß
- **1 Bd** Dill, fein hacken
- **1 Bd** Petersilie, fein hacken
- **1 Bd** Schnittlauch, fein hacken
- **1 Bd** Kerbel, fein hacken
- **1 Bd** Estragon, fein hacken
- **4** Butter

Die Kartoffeln in Salzwasser kochen, abgießen und vorsichtig abdämpfen. Das obere Drittel abschneiden und die Kartoffeln vorsichtig aushöhlen. Die fein gehackten Kräuter, Butter und die Kartoffelmasse, auch die Deckel, verrühren und wieder in die Kartoffeln füllen. Jede Kartoffel in Alufolie wickeln und auf dem Grillrost 10 Minuten grillen.

Hackfleisch-Gemüsepfanne
Mexikanische Variante

- **1 Stange** Staudensellerie
- **2** rote Paprikaschoten
- **350 g** Hackfleisch
- **125 ml** Wasser
- **3 TL** Maggi Rindsbouillon
- **1 Fl** Maggi Texicana Salsa (200 ml)
- **1 Ds** Mais (340 g)
- **4 EL** Crème fraîche

Staudensellerie putzen, waschen und klein schneiden. Paprikaschoten waschen, Kerne und weiße Innenhäute entfernen und in kleine Würfel schneiden. Hackfleisch in einer beschichteten Pfanne anbraten, Gemüse zufügen und mitdünsten. Wasser und Maggie Rindsbouillon zufügen, zum Kochen bringen, bei geringer Wärmezufuhr ca. 10 Minuten kochen. Maggie Texicana Salsa und Mais unterrühren und heiß werden lassen. Mit Crème fraîche anrichten.

Tipp: Dazu Reis oder Baguette servieren.

Nudelsalat mit Käse
Die Vollkornnudeln sind der Biß

    300 g Vollkornnudeln
    200 g Gouda
    1 Ds Mandarinen ohne Saft
    3 Saure Gurken
    2 EL Mayonnaise
    2 EL Schmand
    2 EL Joghurt
    ✔ Salz & Pfeffer
    ✔ Curry

Vollkonrnudeln garen und auskühlen lassen. Gouda, Mandarinen und Gurken fein würfeln und zu den Nudeln geben. Mayonnaise, Schmand, Joghurt, Salz, Pfeffer und Curry mischen, über die Nudeln gießen und gut durchrühren.

Liebe Eltern,
Sie möchten Ihr Kind taufen lassen. Vielleicht ist Ihnen das ganz selbstverständlich. Vielleicht haben Sie auch lange über diese Entscheidung nachgedacht. Etwa so:

Wir wollen "Danke" sagen für das Geschenk des Lebens. Wir freuen uns sehr über unser Kind. Sein Lachen ist ein Wunder für uns. Mit der Taufe wollen wir Gott danken, dass er uns dieses Glück geschenkt hat.

Unser Kind soll unter dem Segen Gottes stehen. Wir wissen, wie viele Gefahren ein Menschenleben bedrohen. Wir möchten unser Kind behüten, aber unsere Kräfte sind begrenzt. In der Taufe wollen wir Gottes Segen und Schutz erbitten.

Unser Kind soll zu einer lebendigen Gemeinschaft gehören. In den christlichen Kirchen werden Gottes Wort und

Liebe weitergetragen. Unser Kind soll von Anfang an dabei sein. In der Taufe spüren wir: Dies Kind ist ein Kind Gottes.

Was Sie auch bewegt hat, Jesus war ein Freund der Kinder. Er hat gesagt: "Lasst die Kinder zu mir kommen." Und er segnete sie.

Ihr Kind ist willkommen.

Quelle:
www.hemdbg.de (Informationen zu Taufe, Konfirmation und Hochzeit von den Hilfswerken in der Ev.-luth. Landeskirche Hannovers)

Taufe

Traumkuchen
Der Sandmann kennt ihn

> 100 g Margarine
> 100 g Zucker
> 1 Ei
> 250 g Mehl
> 1 TL Backpulver

Alle Zutaten zu einem Teig verarbeiten, in eine Springform ohne Rohrbodeneinsatz Größe 28 geben und den Rand etwas hochdrücken.

> 1 kg Äpfel
> 1 TL Zimt
> 1 TL Zucker

Äpfel in dünne Scheiben schneiden, mit Zimt und Zucker vermengen und auf den Teig geben.
Backzeit: 15 Minuten bei 180°C Umluft

> 1 Fl Kellergeister 0,7l
> 2 Pg Vanillepudding
> 200 g Zucker

Aus diesen Zutaten einen Pudding kochen und auf den heißen Kuchen geben.
Backzeit: Nochmals 30 Minuten bei 180°C Umluft

> 2 Be Sahne
> 2 Pg Sahnesteif
> 2 Pg Vanillinzucker
> ✔ Eierlikör

Sahne mit Sahnesteif und Vanillinzucker steif schlagen, auf den kalten Kuchen geben und mit Eierlikör verzieren.

Räuberbraten
Für Kleine und Große

4-5	Zwiebeln
✔	Paprika
✔	Salz & Pfeffer
2 TL	Senf
2 TL	Meerrettich
250 g	Tomatenmark

Zwiebeln in Würfel schneiden und mit Paprika, Salz, Pfeffer, Senf, Meerrettich und Tomatenmark mischen.

2 kg Kammfleisch

einschneiden und die Masse in das eingeschnittene Fleisch streichen.

Pfanne oder Blech mit Margarine ausstreichen und den Braten ca. 2 Stunden in den Ofen geben.

Erdbeer-Speise
Eine tolle Idee

200 g	Erdbeeren
60-80 g	Zucker
2 Be	Crème fraîche
4 Blatt	weiße Gelatine
2 EL	Wasser

Erdbeeren und Zucker im Wasser pürieren, Crème fraîche dazugeben. Gelatine einweichen, auflösen und unter Rühren in die Erdbeerspeise geben, kalt stellen.

Tomaten-Rettich-Salat
Mild bis scharf

4 EL	Öl
1 1/2 EL	Essig
✔	Selleriesalz
1/2 TL	Petersilie, fein geschnitten
4	Tomaten
1	weißer Rettich
2 EL	Haselnüsse, gemahlen

Das Öl mit dem Essig, dem Selleriesalz und der fein geschnittenen Petersilie in einer Salatschüssel verrühren. Die Tomaten waschen, abtrocknen, in Achtel schneiden und zur Salatmarinade geben. Den Rettich waschen, bürsten, dünn schälen, fein reiben und unter den Tomatensalat heben. Den Salat zugedeckt 5 Minuten ziehen lassen, dann die gemahlenen Nüsse hinzufügen und den Salat servieren.

Pikante Hähnchenchips
Für 8 Personen

1 Pg	Hähnchenchips (Aldi)
2-3	Zwiebeln, würfeln
3-5	Möhren, fein schneiden
1/2	Salatgurke, fein würfeln
2	rote Paprika, fein würfeln
✔	Wasser
1/2 Fl	Tomatenketchup
1 EL	Zucker
✔	Essig, Salz, Gemüsebrühe, Sojasoße

Zwiebeln, Möhren, Salatgurke, Paprika mit etwas Wasser aufkochen lassen. Den Tomatenketchup und Zucker hinzufügen und mit Essig, Salz, Gemüsebrühe und Sojasoße abschmecken und ca. 1 Stunde kochen lassen, bis die Soße eingedickt ist.

Die Hähnchenchips in einer Pfanne braun garen, in eine Auflaufform geben und mit der fertigen Soße übergießen.

Schweinefilet überbacken
Für die kleine und die große Runde

- 1 Be Röstzwiebeln
- 800 g Schweinefilet
- 300 ml Sahne
- 300 ml Saure Sahne
- 350 g Schinkenspeck
- 250 g Käse, gerieben

Schweinefilet in ca. 4 cm dicke Scheiben schneiden. Röstzwiebeln in eine Auflaufform geben. Darauf das in Scheiben geschnittene Filet legen. Darüber den gewürfelten Schinkenspeck verteilen. Sahne und Saure Sahne verrühren und darüber gießen. Käse darüber streuen.

Backzeit: 45 Minuten bei 200°C Umluft

Tipp: Dazu passen Spätzle und ein Salat der Saison. Oder das Rezept anstelle von Schinkenspeck mit Kochschinken zubereiten.

Orangen-Flip
Damit kann man Ulli leicht verwöhnen

1/2 Glas **Orangensaft** mit **Vanilleeis** auffüllen und genüsslich mit einem Trinklöffel (Strohhalm) verzehren.

Schmandtorte
Was man aus Schmand alles machen kann

- 200 g Mehl
- 1 TL Backpulver
- 80 g Zucker
- 1 Pg Vanillinzucker
- 90 g Margarine
- 1 Ei

Alle Zutaten zu einem Teig verarbeiten und in eine Springform ohne Rohrbodeneinsatz geben und den Rand etwas hochdrücken.

- 1/2 l Milch
- 200 g Zucker
- 2 Pg Sahnepudding

Aus diesen Zutaten einen Pudding kochen. Den Pudding erkalten lassen, gelegentlich umrühren, damit sich keine Haut bildet.

- 3 Be Schmand unter den Pudding ziehen.
- 1 Ds Mandarinen gut abtropfen lassen und unter die Schmand-Pudding-Creme ziehen.

Backzeit: 60 Minuten bei 200°C Ober-/Unterhitze

Nach dem Erkalten des Kuchens einen Tortenguss kochen und über den Kuchen geben.

Konfirmation - Gottes Liebe feiern

Konfirmation und Essen. Das ist ein Thema, das auf der Zunge zergeht. Das eine kann man
sich ohne das andere kaum vorstellen. Aber man hört die Kritiker schon rufen: Das Essen ist doch nicht das Eigentliche bei der Konfirmation. Es kommt vielmehr entscheidend auf den Inhalt bei der Konfirmation an: Gottes JA in der Taufe und unser JA bei der Konfirmation. Natürlich wäre ohne diesen Mittelpunkt die Konfirmation hinfällig. Aber ist eine Konfirmation ohne Essen eine echte Alternative?
Mein Sohn, der im vergangenen Jahr konfirmiert wurde, gab mir bei der Frage was er über das Thema ‚Konfirmation und Essen' denkt, zur Antwort: das Abendmahl.
Abendmahl ist das Versöhnungsfest zwischen Gott und Mensch und zwischen den Menschen. Jesus machte beim Abendmahl nicht nur Worte, sondern er drückte seine

Gemeinschaft beim Essen aus. Gerade mit denen, die sich sehr nach Liebe sehnten, hat er sich immer wieder an einen gedeckten Tisch gesetzt und Gottes Liebe gefeiert. Deshalb hat das Essen wirklich etwas mit Konfirmation zu tun. Sicherlich muss es nicht immer ein überreichliches Mahl sein. Über dieses Thema kann man mit den Jugendlichen, die konfirmiert werden wollen, sehr gut ins Gespräch kommen. So ist auch eine gemeinsame Vorbereitung auf die Konfirmation möglich. Ein paar erklärende Worte können den inneren Zusammenhang zwischen dem festlichen Konfirmationsessen und Gottes Liebe sicherlich schmackhaft machen.

Hermann Tipke, Winsen/Luhe

Konfirmation

Mikado-Torte
Etwas für ruhige Hände

Biskuitteig:
- 2 Eier
- 2 **EL** heißes Wasser
- 80g Zucker
- 1 **Pg** Vanillinzucker
- 60 g Weizenmehl
- 20 g Kakaopulver
- 1 **TL** Backpulver, gestrichen

Belag:
- 5 Bananen
- 1 **Pg** Tortenguss, klar
- 100 ml Weißwein
- 150 ml Apfelsaft
- 3 **EL** Zucker
- 3 **Blatt** weiße Gelatine
- 400 ml Sahne
- 2 **EL** Zucker

Guss:
- 1 **Blatt** weiße Gelatine
- 125 ml Sahne
- 100 g Zartbitterschokolade

Verzierung:
- 125 ml Schlagsahne
- 1/2 **Pg** Sahnesteif
- 24 Mikadostäbchen (Kekssticks)

Eier und Wasser mit dem Rührbesen des Handrührgerätes auf hächster Stufe in 1 Minute schaumig schlagen. Zucker und Vanillinzucker mischen, in 1 Minute einstreuen und noch etwas 2 Minuten schlagen.

Mehl, Kakao und Backpulver mischen, auf die Eicreme sieben und kurz auf niedrigster Stufe des Handrührgerätes unterrühren.

Den Teig in eine gefettete mit Backpapier ausgelegte Springform (26 cm Durchmesser) geben, auf dem Rost in den Backofen schieben und sofort backen.

Backzeit: 20 Minuten bei 170°C vorgeheizt Ober-/Unterhitze

Den Tortenboden aus der Form lösen, auf einen Kuchenrost stürzen, das Backpapier abziehen und den Boden erkalten lassen.

Anschließend den kalten Boden auf eine Tortenplatte legen und einen Tortenring darumlegen.

Bananen schälen, längs halbieren und den Boden dicht damit belegen. Aus Tortenguss, Wein, Apfelsaft und Zucker nach Packungsaufschrift einen Guss zubereiten, über die Bananen gießen und erkalten lassen.

Gelatine nach Packungsaufschrift einweichen. Sahne mit Zucker fast steif schlagen, die ausgedrückte, aufgelöste Gelatine auf einmal hinzugeben und die Sahne vollkommen steif schlagen. Die Masse auf den erkalteten Tortenguss streichen.

Nun nochmals Gelatine nach Packungsaufschrift einweichen. Sahne in einem Topf erwärmen und die Schokolade darin zerlassen. Gelatine ausdrücken, in der Schokoladensahne auflösen und alles etwas abkühlen lassen. Den Guss auf die Sahneschicht geben und die Torte 2-3 Stunden kalt stellen. Den Tortenring entfernen. Sahne mit Sahnesteif steif schlagen und in einen Spritzbeutel mit Sterntülle füllen. Die Torte mit der Sahne verzieren und die Mikadostäbchen garnieren.

Mein Tipp: Für Kinder den Apfelwein durch Apfelsaft ersetzen!

Ozeantorte
Mit Zitronen

- 125 g Butter
- 125 g Zucker
- 4 Eigelb
- 150 g Mehl
- 2 TL Backpulver
- 1 Pg Vanillinzucker
- ✔ Milch

Alle Zutaten zu einem cremigen Teig verrühren. Den Teig teilen und in zwei gefettete Backformen (28 cm Durchmesser) verteilen.

- 4 Eiweiß
- 200 g Zucker
- 100 g Mandelstifte

Eiweiß und Zucker zusammen steif schlagen. Die Masse Teilen und auf die zwei Böden verteilen. Die Mandelstifte ebenfalls auf beide Böden gleichmäßig verteilen und beide Böden gleichzeitig backen.

Backzeit: Ca. 15 Minuten bei 195°C Umluft (Die Mandeln müssen leicht braun werden.)

Füllung:

- 1/8 l Wasser
- 100 g Zucker

2 Zitronen, auspressen
　3 TL Speisestärke
1/2 l Sahne

Wasser, Zucker, Zitronensaft und Speisestärke zusammen aufkochen und erkalten lassen. Die Sahne steif schlagen und mit der Zitronenmasse vermischen. Damit die Torte füllen.

Ananascreme
Mit feinen Stückchen

　4 Blatt weiße Gelatine
　4 EL Wasser
　　3 Eigelb
　60 g Zucker
1/2 Ds Ananaswürfel
　1/2 Zitrone, auspressen
　3 EL Ananassaft
　　3 Eiweiß

Gelatine auflösen, dabei beachten, dass die Gelatine nicht zum Kochen kommt. Eigelb und Zucker schaumig rühren, Zitronen- und Ananassaft hinzufügen, die aufgelöste Gelatine unter tüchtigem Rühren dazugeben, Eiweiß mit etwas Zucker steif schlagen. Den Eischnee unterheben und zum Schluss die Ananaswürfel hinzufügen.

Nusskuchen
Der darf nicht fehlen

- 5 kleine Eier
- 300 g Zucker
- 400 g Haselnüsse, gemahlen
- 2 EL Paniermehl
- 1 TL Backpulver, gestrichen

Die Eier mit dem Zucker gut schaumig rühren. Haselnüsse, Paniermehl und Backpulver hinzufügen und leicht unterrühren. Den Teig in eine gefettete Kastenform geben.

Backzeit: 45 Minuten bei 170°C bis 200°C Ober-/Unterhitze

Gurkensalat
Frisch, echt frisch ...

- 1/2 Salatgurke
- 100 g gekochten Schinken
- 1 Karton Kresse
- 4 EL Schnittlauch, klein schneiden
- 1/2 Be Sahnejoghurt
- ✔ Cayennepfeffer
- 1 TL Senf
- 1 TL Meerrettich, gerieben
- ✔ Salz

Gurke gut waschen, nicht schälen, in Stücke schneiden. Den Schinken in kleine Würfel schneiden. Die Kresse vom Nährboden mit der Schere abschneiden und die anhängenden Samenkapseln mit kaltem Wasser abspülen. Den Schnittlauch zu den genannten Zutaten geben. Sahnejoghurt mit den Gewürzen verrühren. Alles miteinander vermischen und ca. 10-15 Minuten durchziehen lassen.

Partybrot
Das kannten wir noch nicht

- 1 Stangenbrot
- 250 g Kräuterfrischkäse
- 100g Butter
- 1 Zwiebel
- 2 TL Senf
- 150 g Emmentaler am Stück
- 125 g gekochten Schinken
- 2 Saure Gurken
- 3-4 Eier, hart gekocht
- ✔ Salz & Pfeffer
- ✔ Paprika

Die Zwiebeln fein würfeln. Den Frischkäse mit der Butter, den Zwiebeln, dem Senf und evtl. Gurkenwasser verrühren. Die anderen Zutaten würfeln und unter die Masse heben. Abschmecken. Das Brot aushöhlen und mit der Masse füllen. Danach in Alufolie wickeln und im Kühlschrank gut durchkühlen lassen. Kurz vor dem Servieren in Scheiben schneiden.

Hochzeit in Tansania (Ostafrika)

Am 1. Mai 2003 haben wir in der Gemeinde Bombo in der Nähe des Kilimandscharo geheiratet. Es war eine richtige afrikanische Heirat mit Chorgesang, Tanz und vielen Gästen. Gleichzeitig war es aber auch etwas Ungewöhnliches, da in dem abgelegenen Ort, der nur mit Allradfahrzeugen erreicht werden kann, noch nie eine „gemischte" Trauung stattgefunden hatte. Erstaunt hat mich die Hilfsbereitschaft und der Zusammenhalt der Menschen: Es ist selbstverständlich, dass die „Mamas" das Essen zubereiten. Ein Catering-Service oder Hotelbesuch ist zumindest im dörflichen Raum unbekannt. Da wir christlich geheiratet haben, wurden auch keinerlei alkoholische Getränke gereicht, sondern Tee und – sehr begehrt – Coca-Cola und Fanta. Ein befreundeter Lehrer der dortigen weiterführenden

Schule führte durch ein sorgfältig ausgearbeitetes Programm. Der Pastor von Bombo und seine Frau fungierten als unsere Trauzeugen, während der Pastor einer nahe gelegenen Gemeinde den Gottesdienst gestaltete. Die noch von den Missionaren gebaute Kirche war voll und von der Verwandtschaft meiner Frau war gekommen, wer es nur irgend ermöglichen konnte. Nach Rückfrage, ob ich genügend Kisuaheli verstünde, wurde der Gottesdienst ganz in der Landessprache gehalten und das „Ja"-Wort war folgerichtig ein „Ndiyo".
In die Freude mischte sich auch ein wenig Beklommenheit, da die Braut – selbst aktives Glied der Gemeinde und begeisterte Sängerin im Kirchenchor – zugleich aus der Gemeinde entlassen wurde.
Rainer Allmann, Hermannsburg

Ruthkuchen
Gehört zum Kuchenbuffet

- 5 Eigelb
- 7 EL heißes Wasser
- 1 Pg Vanillinzucker
- 200 g Zucker
- 5 Eiweiß
- 200 g Mehl
- 1 EL Backpulver, gestrichen

Eigelb, heißes Wasser, Zucker und Vanillinzucker cremig rühren. Eiweiß mit etwas Zucker steif schlagen und auf die Eicreme geben. Mehl und Backpulver hinzufügen und unterheben.

- 200 g Mandeln
- ✔ Zucker
- 1 TL Margarine

Mandeln mit etwas Zucker und Margarine rösten und abkühlen lassen.

Backzeit: 30-40 Minuten bei 180°C Ober-/Unterhitze

Creme:
- 250 g Butter
- 3 Eier
- 1 EL Puderzucker, gehäuft
- 1 Pg Vanillinzucker
- 180 g Palmin (ca. 5-6 Ecken)

Butter und Eier schaumig rühren. Danach den Puderzucker und Vanillinzucker hinzufügen und cremig rühren.

Palmin in der Pfanne zerlassen (etwas abkühlen lassen) und lauwarm langsam unter die Masse rühren, bis sie cremig ist.

Die Creme auf den Biskuitkuchen streichen, mit den gerösteten Mandeln bestreuen und mit Schokoladenguss (halbbitter) überziehen.

Ananasringe gefüllt
Südsee-Flair

- **8** Ananasringe
- **1 Ecke** Philadelphia Frischkäse
- **4 TL** Kirschwasser
- **4 TL** Mandelblätter
- **4 TL** Brauner Zucker

Die Ananasringe gut abtropfen lassen. Den Frischkäse mit dem Kirschwasser verrühren. Die Masse zwischen je 2 Ananasringe streichen, auf den oberen Ananasring auch etwas Käse streichen, Mandelblättchen darüberstreuen, mit dem braunen Zucker bestreuen und jeweils eine Portion in Alufolie wickeln. Ananasringe auf den heißen Grillrost legen und 5 Minuten grillen.

Joghurtkuchen
Süß und saftig

- **150 g** Butter
- **250 g** Zucker
- **1 TL** Ingwer, gemischt
- **1** Vanilleschote, ausschaben
- **4** Eier
- **270 g** Mehl
- **1 EL** Backpulver
- **200 g** Joghurt
- **2 EL** Weinbrand (oder 1/2 EL Essig und Wasser)
- **70 g** Mandeln, gehobelt

Butter, Zucker, Ingwer, Vanille und Eier schaumig rühren. Mehl und Backpulver verrühren und zusammen mit Joghurt und Weinbrand zu einem glatten Teig verarbeiten. Die Masse auf ein gefettetes Backblech gießen und mit den Mandeln bestreuen.

Backzeit: 30-40 Minuten bei 175°C Umluft - Mitte

Guss:
- **1** Zitrone, auspressen
- ✔ Wasser
- **200 g** Zucker

Den Saft der Zitrone mit Wasser auf 120 ml auffüllen und mit dem Zucker 5 Minuten kochen. Die heiße Zuckerlösung über den heißen Kuchen geben. Auskühlen lassen oder warm genießen.

Schweinemedaillons in Rahm
Die sind immer lecker

- **600 g** Schweinefilet
- **3** Zwiebeln
- **250 g** Karotten
- ✔ Butter
- **1/4 l** Sahne
- **1/8 l** Weißwein
- ✔ Salz & Pfeffer
- ✔ Curry
- **2** Eigelb

Schweinefilet in ca. 2-3 cm dicke Scheiben schneiden, in Butter anbraten und warm stellen. Zwiebeln würfeln. Karotten schälen und in Scheiben schneiden. Beides im Bratfett andünsten. Sahne und Weißwein zugeben und ca. 5 Minuten mitkochen. Mit Salz, Pfeffer und Curry würzen. 2 Eigelb mit etwas Soße verrühren und der Soße zufügen. Nicht mehr kochen lassen.

Tipp: Dazu Reis und als Getränk Weißwein.

Amazing raisin cake … 233
Amerikaner … 150
Ananascreme … 271
Ananasringe gefüllt. … 277
Apfel im Schlafrock. … 34
Apfelchutney … 168
Apfelkuchen sehr fein … 12
Apfelpfannkuchen. … 169
Auberginen-Hack-Auflauf … 161
Augäpfel. … 197
Baeckeofe. … 206
Bananenbrot … 142
Barbecue Sauce … 248
Becherkuchen mit Mandeln. … 15
Bierschinkensnack. … 109
Biscuits for hungry children … 149
Blätterteigtaschen … 69
Bliny … 140
Blitz-Sandtorte … 17
Blumenkohlauflauf … 162
Blumenkohlsalat. … 174
Bratapfel mit Eierlikörsauce … 35
Brokkoli-Filet-Pfännchen … 71
Brokkoli-Kasseler-Auflauf … 105
Bunter Balkansalat … 247
Bunter Curry-Reis-Salat … 238
Butterkuchen. … 154
Cappuccino-Kuchen. … 16
Champignon-Pasteten … 123
Champignon-Pfanne … 85
Chili-Con-Carne-Auflauf mit Kartoffeln. … 234

Chili Paste	243
Chinakohl-Salat	120
Cocktailsalat	243
Cremige Kürbissuppe	194
Curryfisch	86
Curryreis	115
Dampfnudle	188
Dämpf-Zwiebel und Pellkartoffeln	160
Dem Nikolaus sein Jagatee	29
Donauwelle	18
Eibutter	91
Eiersalat	87
Eiersalat	99
Endiviensalat	121
Erdbeerherzen zum Valentinstag	70
Erdbeerrosette mit Honigeissauce	68
Erdbeer-Speise	262
Exotischer Nudelsalat	50
Fastengericht zum Karfreitag	65
Feuerpizza	249
Feuerzangenbowle	47
Fischfrikassee	81
Fladenbrot	146
Fleischtorte der Vogesentäler "Turt"	106
Französische Porretorte	119
Französischer Reissalat	240
Frischkäsesalat	80
Fruchtiger Wurstsalat	241
Gebrannte Mandeln	200
Gefüllte Mandelstangen	93
Gefüllter Fischbraten	98

Geleeplätzchen	39
Gemischter Salat	155
Gratinierter Fisch	79
Griechischer Nudelauflauf	222
Grumbeerekiechle	166
Grumbeereknepfle	172
Grüne Suppe	186
Gruselessen zur Halloween-Party	196
Gurkensalat	272
Hack-Blechkuchen	237
Hackbraten in der Auflaufform	102
Hackbraten mit Kartoffeln	56
Hackfleischeintopf ungarisch	46
Hackfleischpizza	246
Hackfleisch-Gemüsepfanne	256
Hähnchen- oder Putenbrust in Currysoße	127
Handkäs' mit Musik	81
Hau Ruck Salat	104
Heerlike Koekies	23
Hefekuchenvariationen	244
Hefezopf	92
Heringsalat	49
Herzafter Blätterteigkuchen	48
Hessische Kräbbel	58
Himbeerschnitten	72
Hirtentopf	137
Holundersaft	164
Joghurtkuchen	278
Joghurtspeise	38
Kaiserschmarrn	205
Kaltschale mit Joghurt	128

Kaltschale mit Vanilleeis 129
Karottenkuchen 111
Karottensuppe 165
Kartoffelauflauf 176
Kartoffelauflauf für 4 Personen 78
Kartoffelpizza für 6 Personen 167
Kartoffelpuffer 160
Kartoffelroulade 178
Kartoffelsalat. 103
Kartoffelsalat. 156
Kartoffel-Wurst-Suppe mit Käse 175
Käsegebäck. 49
Käsekartoffeln 226
Käsesahne. 117
Käsnudel. 211
Kasseler Hawaii vom Blech 252
Kasseler in Tomaten-Sahne-Soße 135
Kinderglühwein 200
Kirschherz zum Valentinstag 75
Kirsch - Sahnelikör 14
Kirschjoghurt - Likör 223
Kissinger Brötchen 24
Knoblauchbrot 242
Königsberger Klopse 214
Kräftiger Porree-Eintopf 204
Kräftiger Salat mit Gehacktem. 52
Kräuterbrötchen 151
Kräuterbutter 80
Kräuterkartoffeln 255
Kuchen mit Schinken und Oliven 216
Kürbissuppe. 195

Lebkuchen	22
Liebesküsschen	73
Linguine mit Parmaschinken	230
Linzer Marillencreme	122
Lomo saltado	221
Löwenzahnsalat mit Speck	106
Löwenzahnsirup	115
Luzerner Fastensuppe	64
Mandeltaler	201
Marinierter Schweinebraten	130
Matjes-Gemüsesalat	59
Mehlklöße	191
Mexikanischer Schichtsalat	229
Mikado-Torte	268
Milchsuppe	65
Mini-Berliner	52
Mischbrot	180
Möhrenrösti	168
Möhrensalat	181
Möhrentorte	94
Multivitamin Drink	179
Neujahrskuchen	57
Nikolausmänner aus Hefeteig	31
Nikolausstiefel	30
Nougatquark	121
Nudelauflauf	114
Nudelauflauf mit Räucherfisch	118
Nudelsalat	104
Nudelsalat	157
Nudelsalat mit Käse	257
Nudel-Schafskäse-Auflauf	116

Nusskuchen 272
Oliven-Schinken-Käsebrot. 51
Orangen-Flip 264
Osterhasen-Brötchen. 90
Ostfriesisches Schwarzbrot 173
Ozeantorte 270
Papas a la Huancaína 220
Paprika-Gemüse-Pfanne 216
Partybrot 273
Party-Pizza 228
Pellkartoffelauflauf 211
Pellkartoffeln. 84
Penne mit Hühner-Curry-Sauce 126
Pfirsich - Sahnelikör 14
Pfundstopf 53
Phantasia-Salat 231
Pikante Hähnchenchips 263
Pikanter Hackbraten 136
Pizza "Vatertag". 102
Preiselbeerschaum 120
Punschrezept. 24
Pusztagulasch 110
Putengeschnezeltes. 128
Rahmschnitzel vom Blech 96
Räuberbraten. 261
Räuberhackbraten. 254
Reispuffer. 18
Reitersuppe. 236
Rhabarberkompott 163
Roggenbrot. 163
Rote Linsensuppe 224

Rotkohlsalat mit Schafskäse 171
Rotweinkuchen 61
Ruthkuchen. 276
Saftige "Schnitzel-Pizza" 239
Sauerkrautsalat 164
Sauerkrautsalat mit Paprika 177
Sauerkrautsuppe. 183
Savoury Pie 225
Savoury Tart 225
Schafskäse-Kidneybohnensalat 87
Schellfisch 82
Schinkenkartoffeln in Folie. 134
Schlemmertopf 1 36
Schlemmertopf 2 37
Schmandkuchen mit Kirschen 253
Schmandpudding 235
Schmandschnitzel. 95
Schmandtorte 265
Schokokekse 37
Schokokugeln 40
Schokoladen-Kartoffel-Torte 143
Schweinebraten Provencale 42
Schweinefilet überbacken. 264
Schweinefleisch in Curry 74
Schweinemedaillons in Rahm 279
Sekt-Sorbet. 50
Soleier. 99
Soljanka 227
Sommersalat 132
Spaghetti-Thunfisch-Salat. 242
Spargel-Bauerntoast 133

Spätzle-Salat 108
Spekulatius 28
Staudenselleriesalat 250
Steckrüben-Porree-Eintopf 207
Stockbrot 146
Struwen 83
Stuut 170
Tarator 129
Tomaten-Rettich-Salat 262
Tomato Chutney 182
Traumkuchen 260
Überbackene Eier 97
Überbackene Koteletts 232
Überbackene Zwiebeln 190
Vasilopita 60
Waffeln 201
Wasserschtriwle oder Mehlknepfle 189
Weihnachtsglühwein 41
Weintraubenspeise mit Dickmilch 170
Weißkohlsalat 165
Würstchenfinger 196
Wurstpfanne Stroganoff 251
Wurst-Zwiebelpfanne 215
Würziger Pflaumenkuchen 12
Zimtsterne 25
Zimttorte 43
Zitronenkuchen 148
Zucchini in Weißwein 180
Zwetschgenknödel 187
Zwieback-Nußkuchen 147
Zwiebelkuchen 208

Zwiebelkuchen 209
Zwiebelsalat 182
Zwiebelsuppe. 210
Zwiebelsuppe. 210